Edition Innovative Verwaltung

Die Bücher der Edition Innovative Verwaltung bieten praxisorientierte Fachinformation für Führungskräfte und Verantwortungsträger im öffentlichen Sektor. Die AutorInnen sind erfahrene PraktikerInnen aus der Kommunal-, Landes- und Bundesverwaltung sowie BeraterInnen und WissenschaftlerInnen. Sie teilen ihre Expertise, formulieren Empfehlungen, bieten Praxisleitfäden und geben Orientierung für eine erfolgreiche Öffentliche Verwaltung in der Zukunft. Das Themenspektrum spannt sich über die neuesten Herausforderungen in der Digitalen Verwaltung und Organisations- und Prozessthemen bis hin zu Führung und Leadership.

Dino André Schubert

Führung im öffentlichen Dienst

Konzepte und Instrumente für Führungskräfte im öffentlichen Sektor – worauf es in der Praxis ankommt

Dino André Schubert
OptiSo Unternehmensberatung,
Schubert & Partner
Braunschweig, Deutschland

ISSN 2662-5202   ISSN 2662-5210 (electronic)
Edition Innovative Verwaltung
ISBN 978-3-658-37397-9   ISBN 978-3-658-37398-6 (eBook)
https://doi.org/10.1007/978-3-658-37398-6

Die Deutsche Nationalbibliothek verzeichnet diese Publikation in der Deutschen Nationalbibliografie; detaillierte bibliografische Daten sind im Internet über http://dnb.d-nb.de abrufbar.

© Der/die Herausgeber bzw. der/die Autor(en), exklusiv lizenziert an Springer Fachmedien Wiesbaden GmbH, ein Teil von Springer Nature 2022
Das Werk einschließlich aller seiner Teile ist urheberrechtlich geschützt. Jede Verwertung, die nicht ausdrücklich vom Urheberrechtsgesetz zugelassen ist, bedarf der vorherigen Zustimmung des Verlags. Das gilt insbesondere für Vervielfältigungen, Bearbeitungen, Übersetzungen, Mikroverfilmungen und die Einspeicherung und Verarbeitung in elektronischen Systemen.
Die Wiedergabe von allgemein beschreibenden Bezeichnungen, Marken, Unternehmensnamen etc. in diesem Werk bedeutet nicht, dass diese frei durch jedermann benutzt werden dürfen. Die Berechtigung zur Benutzung unterliegt, auch ohne gesonderten Hinweis hierzu, den Regeln des Markenrechts. Die Rechte des jeweiligen Zeicheninhabers sind zu beachten.
Der Verlag, die Autoren und die Herausgeber gehen davon aus, dass die Angaben und Informationen in diesem Werk zum Zeitpunkt der Veröffentlichung vollständig und korrekt sind. Weder der Verlag, noch die Autoren oder die Herausgeber übernehmen, ausdrücklich oder implizit, Gewähr für den Inhalt des Werkes, etwaige Fehler oder Äußerungen. Der Verlag bleibt im Hinblick auf geografische Zuordnungen und Gebietsbezeichnungen in veröffentlichten Karten und Institutionsadressen neutral.

Planung/Lektorat: Rolf-Günther Hobbeling
Springer Gabler ist ein Imprint der eingetragenen Gesellschaft Springer Fachmedien Wiesbaden GmbH und ist ein Teil von Springer Nature.
Die Anschrift der Gesellschaft ist: Abraham-Lincoln-Str. 46, 65189 Wiesbaden, Germany

Inhaltsverzeichnis

1	**Führung in der öffentlichen Verwaltung – was ist das?**	1
2	**Grundsätze und Konzepte für Führung**	7
2.1	Neue Institutionenökonomie	7
2.1.1	Prämissen und Grundannahmen der NIÖ	8
2.1.2	Prinzipal-Agent-Theorie	14
2.1.3	Transaktionskostentheorie	25
2.1.4	Property-Rights-Theorie	31
2.2	Verhaltenswissenschaftliche Entscheidungstheorie	38
2.3	Neue Politische Ökonomie	44
2.4	Populationsökologische Identitätsforschung	54
2.5	Mechanistische Managementberatung	55
2.6	Kybernetische Führung	58
2.7	Soziologische Systemtheorie	65
2.8	Werkzeuge	68
3	**Führung in der öffentlichen Praxis – worauf kommt es an?**	77
3.1	Aufgaben und Rollen der Führungskraft	77
3.2	Der Nutzen von Führungsstilen	84

3.3	Erfolg durch Arbeitszufriedenheit		87
3.4	Etablierte Werkzeuge		97
3.5	Abgrenzung zwischen Leitungs- und Sachbearbeitungsaufgabe		114
3.6	Die Performance im Gremium		119
3.7	Die Rolle im Personalmanagement		122
3.8	Im öffentlichen Dienst kann man keine Mitarbeiter entlassen?		124

Literatur 127

Über den Autor

Herr Dr. Dino André Schubert ist Geschäftsführer der OptiSo Unternehmensberatung, Schubert & Partner aus Braunschweig – einer Beratungsgesellschaft für den öffentlichen, nicht gewinnorientierten Sektor. Das Unternehmen berät und unterstützt den öffentlichen Sektor in den Bereichen Personal-, Organisations- und Finanzmanagement.

Neben der Geschäftsführerrolle ist er Gesellschafter und Gründer der OptiSo Unternehmensberatung sowie zweier weiterer Unternehmen der OptiSo Unternehmensgruppe, welche sich auf die Softwareentwicklung und Automatisierungstechnik im privaten und öffentlichen Sektor spezialisiert haben.

Er ist Lehrbeauftragter an der Hochschule Harz am FB Verwaltungswissenschaften sowie der international aufgestellten Pegaso HEI in Malta in den Disziplinen Führung, Management sowie Organisationslehre.

Herr Dr. Schubert blickt auf eine langjährige Verwaltungserfahrung aus der Beratung und eigenen praktischen Tätigkeit in der öffentlichen Verwaltung zurück. Er ist Diplom-Verwaltungswirt (FH), hält einen Master in Organisationswissenschaften (Studiengang Organization Studies) und einen Ph.D. in Wirtschaftswissenschaften (Branch and Cross-Sectional Economies), Dissertation über Kommunales Changemanagement im Lichte der Neuen Institutionenökonomik.

Abbildungsverzeichnis

Abb. 2.1	Pyramide der Wechselwirkung zwischen Daten, Information und Wissen. (Quelle: Eigene Darstellung)	13
Abb. 2.2	Organizational Failure Framework nach Williamson (1975). (Quelle: Eigene Darstellung in Anlehnung an Williamson, O. E. (1975), S. 40)	29
Abb. 2.3	Die Funktionsweise der trivialen Maschine. (Quelle: Eigene Darstellung in Anlehnung an Groth, T. (1999), S. 34)	57
Abb. 2.4	Regelkreis-Schema der Kybernetik. (Quelle: Baldegger, R. (2007), S. 68)	63
Abb. 2.5	Die Funktionsweise der nichttrivialen Maschine. (Quelle: Eigene Darstellung in Anlehnung an Groth, T. (1999), S. 34 (zit. nach von Foerster))	67
Abb. 3.1	Aufgaben einer Führungskraft nach Malik. (Quelle: Eigene Darstellung in Anlehnung an Malik, F. (2019), S. 169 ff.)	78

Abb. 3.2 Zusammenhangsmodell Arbeitszufriedenheit und Organisationserfolg. (Quelle: Eisenhardt, P. (2012), S. 249.) 93

Abb. 3.3 Vierfelder-Matrix SWOT mit den Elementen Matching und Konvertierung. (Quelle: Sarsby, A. (2016), S. 12 f.) 106

Tabellenverzeichnis

Tab. 1.1	Gegenüberstellung von Management und Leadership	2
Tab. 2.1	Überblick über Informationsprobleme der Prinzipal-Agent-Theorie am Beispiel des obersten kommunalen Managements	16
Tab. 2.2	Vierfelder-Matrix quantitative und qualitative Instrumente und zu messende Variablen	71
Tab. 2.3	Zusammenfassung der Begriffe und dazugehörige Bedeutungen	75
Tab. 3.1	Matrix einer Nutzwertanalyse	113
Tab. 3.2	Muster-Arbeitsvorgang Leitung	117

1

Führung in der öffentlichen Verwaltung – was ist das?

Es gibt keine wirksamere Reform als gute Führungskräfte.

In den meisten Stellen- und Dienstpostenbeschreibungen findet sich keine Differenzierung zwischen den Termini Führung und Management wieder. Der Begriff Management wird im Tarif- oder Beamtenrecht und somit auch in Stellen- und Dienstpostenbeschreibungen bei Beschäftigten oder Beamten des öffentlichen Dienstes selten verwendet. Stattdessen wird von Leitung gesprochen. Führungskräfte mit Personal- und Budgetverantwortung haben häufig einen Arbeitsvorgang Leitung in ihrer Aufgabenbeschreibung.

Fortschrittliche Personal- und Organisationsabteilungen sprechen in ihrem Tagesgeschäft jedoch sehr wohl von Personalführung (häufig auch als disziplinarische Führung bezeichnet) oder von fachlicher Leitung. Eines vorweg: Moderne Stellen- und Dienstpostenbeschreibungen gehören zu einem professionellen Management und sie dürfen auch die Begrifflichkeiten zwischen Führung und Management abbilden.

Doch was ist nun eigentlich der Unterschied?

In der Literatur wurde oft versucht, die Begriffe bzw. Disziplinen der Führung (Leadership) und des Managements (Leitung) voneinander abzugrenzen.

Tab. 1.1 Gegenüberstellung von Management und Leadership

Management	Leadership
1. Planen und Budgetieren	1. Die Richtung vorgeben
2. Organisieren und Stellen besetzen	2. Mitarbeitern Orientierung geben
3. Controlling und Probleme lösen	3. Motivieren und Inspirieren
→ Fokus auf Strukturen und Systeme	→ Fokus auf Menschen
→ kurzfristige Perspektive	→ langfristige Perspektive

Quelle: Eigene Darstellung in Anlehnung an Kotter, J. P. (1990) S. 4 ff.

Eine für diesen Kontext hilfreiche Abgrenzung und Gegenüberstellung liefert der berühmte Changemanagement-Fachmann John P. Kotter. Seine Kriterien sind in der nachfolgenden Tab. 1.1 dargestellt.

Die Reinformen der beiden Rollenbilder und Begrifflichkeiten lege ich in diesem Buch ebenfalls zugrunde, da sie einen klaren Bezugsrahmen ermöglichen und sowohl die durch die Organisation zugewiesenen Kompetenzen für einen Verantwortungsträger als auch die praktisch notwendigen Aufgaben für die Führung einer Organisation beinhalten.

Neben der in diesem Buch verfolgten Abgrenzung beider Begrifflichkeiten gibt es je nach Wissenschaftsdisziplin, nationaler Herkunft oder dahinterliegendem theoretischem Konzept andere Definitionen der beiden Begrifflichkeiten.[1] Einige Autoren und Forscher verstehen unter Führung beispielsweise dasselbe wie Management oder Leitung usw.[2]

Nach dem hier zugrunde liegenden Begriffsverständnis ist:

> *„… Führung ist eine der wichtigsten Funktionen des Managementprozesses, [der] definiert wird als Beeinflussung und Lenkung des Verhaltens von Einzelpersonen und Gruppen, um sie in die Lage zu versetzen, die Ziele einer Organisation zu verfolgen."*[3]

---

[1] Für einen Überblick über einige zentrale zugrunde liegende Begriffsverständnisse zu diesen drei sowie weiteren verwandten Termini vgl. Kleinmann, B. (2015), S. 329 ff.
[2] Beispiele: Leadership ist ein Teil des Managements, vgl. Linkletter, K. E. / Maciariello, J. A. (2010), S. 6; Smit, P. J. et al. (2007), S. 291.
[3] Smit, P. J. et al. (2007), S. 291.

1 Führung in der öffentlichen Verwaltung – was ist das?

Als Managementprozess in seiner Gesamtheit per vorstehender Definition wird hierbei die Führung der gesamten Organisation mit allen dazugehörigen Aufgaben als sogenannte Organisationsführung (Unternehmensführung, Verwaltungsführung, Stiftungsführung etc.) verstanden. Die der Organisationsführung zugrunde liegenden Einzelaufgaben decken von der Planungsphase bis zum Controlling oder der Evaluation sämtliche sach- oder personenbezogenen Aspekte ab, die in der Organisation zum erfolgreichen Überleben notwendig sind und im Rahmen derer eine Richtung oder ein Rahmen vorzugeben ist. In diesem Buch werde ich für den Fall, dass eine oder beide Funktionen der Organisationsführung betroffen sind, als übergeordnete Begrifflichkeit von Verantwortungsträgern oder Führungskräften sprechen.

Diejenige Führungskraft, die keine Personalverantwortung, sondern lediglich fachlich Leitungsaufgaben (so z. B. bei Sachgebiets- oder Teamleitern) innehat, hat jedoch ebenso Leadership-Aufgaben wie diejenige Person mit Personalverantwortung. Dies ist deshalb der Fall, da auch die fachliche Führung die Führung von Personen erfordert. Fachliche Leitung ohne das Einwirken auf Personen ist unmöglich. Die Leadership-Kompetenz ist jedoch bei Führungskräften mit Personalverantwortung wesentlich größer als bei denjenigen ohne Personalverantwortung.

Ein reiner Manager, ohne Leadership, kann im Grunde nur in zwei Existenzen auftreten:

(1) eine Führungskraft, die ihre eigentlich zugewiesenen Leadership-Aufgaben nicht wahrnimmt und komplett überhaupt nicht führt und keine Richtungen vorgibt oder
(2) ein Fachspezialist, der beispielsweise reine Projekt- oder Fachaufgaben zu erfüllen hat und keine übergeordnete Anleitung von Personen innehat.

Szenario 1 ist das Sinnbild einer „schlechten" Führungskraft, während Szenario 2 beispielsweise im Controlling oder der Bauverwaltung im Bauprojektmanagement anzutreffen ist.

In der Praxis haben wir es wesentlich häufiger mit Managern mit Personalverantwortung zu tun, sodass diese auch Leader sind. Diese

Personen haben nicht nur Leader-Aufgaben, sondern nehmen auch eine aktive Leader-Rolle wahr und geben Richtungen vor, motivieren Menschen und inspirieren diese durch ihre Arbeit und Vorbildfunktion.

Den Fall, dass ein Leader kein Manager ist, da er gar keine Budget- und Organisationsverantwortung hat, kommt seltener vor, er ist jedoch zumindest für Teilaspekte einer Führungskrafthierarchie in Organisationen nicht ausgeschlossen. So kann es beispielsweise sein, dass eine personalverantwortliche Führungskraft (z. B. eine Dezernatsleitung) nicht die Verantwortung für die Budgets in seinem Dezernat hat und diese eine Ebene darunter bei den Abteilungsleitungen liegt. In der Regel wird eine solche Dezernatsleitung jedoch die Organisationshoheit haben und über Prozesse oder Aufgabenverteilungen entscheiden können. Auch dies gehört zu den Managementaufgaben. Insofern finden sich in der Praxis meist personalverantwortliche Führungskräfte, die auch Managementkompetenzen haben.

Einige Abgrenzungen und Klarstellungen:

Nummer 1
In diesem Kapitel habe ich beschrieben, was Leadership und Management sind. Die Definitionen und Abgrenzungen wurden auf der Grundlage von Befugnissen vorgenommen. So trivial es klingen mag, so wichtig ist die Ergänzung dessen, dass nicht derjenige ein Leader oder nicht der ein Manager ist, der befugt ist, die Aufgabe in der Organisation durchzuführen, sondern derjenige der sie ausführt. Dies wird insbesondere dadurch deutlich, dass ein charismatischer Leader nicht bereits derjenige ist, der auf dem Papier Personal führen darf oder soll.

Nummer 2
Es gibt Organisationen, die eine zentrale Ressourcenverantwortung betreiben (Grundmodell der klassischen Kameralistik in der öffentlichen Verwaltung). Nur weil eine zentrale Stelle (z. B. das „Personalamt") die Entscheidung über Personal innehat, ist die Abteilung oder besser ihr Leiter kein Leader. Leader (wenn auch mit verdünnten Kompetenzen) bleibt diejenige Führungskraft, die im Fachamt die Menschen anleitet und eben führt. Anders ist dies in Bezug

auf die Managementaufgaben rundum die Finanzen, wenn die zentrale Finanzabteilung über die Finanzressourcen entscheidet. Budgetverantwortung und -management sind klare Managementaufgaben. In diesem Fall hat die dezentrale Führungskraft jedoch in Bezug auf die Finanzen so gut wie keine Managementkompetenzen und nimmt diese auch nicht wahr. Hier liegt nicht nur die Entscheidung, sondern auch die Ausführung der Managementtätigkeiten an zentraler und nicht dezentraler Stelle. Dies ist bei der zentralen Personalverantwortung – wie vorangegangen beschrieben – anders.

Gerade aus Verantwortungsperspektive liegt auf der Hand, dass eine gebündelte Verantwortung von Management und Leadership die nachhaltig besten Führungsergebnisse begünstigt. Grund ist, dass die Person die gesamte Verantwortung für ihr Handeln trägt.[4] Diejenigen Leser unter Ihnen, die einen Leader kennen, der sich durch die Konsequenzen seiner Entscheidungen aus Ihrem Budget bedient, da er dafür nicht verantwortlich ist, werden wissen, wovon hier die Rede ist. Dasselbe gilt für diejenigen unter Ihnen, die eine Führungskraft kennen, die beispielsweise keine Personalverantwortung hat und sich bei notwendigen personellen Entscheidungen stets mit dem Vorgesetzten abstimmen muss, was zu tun ist, obwohl sie selbst jeden Tag mit den Menschen aus dem Team oder Sachgebiet zusammenarbeitet und die Menschen am besten kennt, und wüsste was zu tun wäre.

Im Rahmen der praktischen Organisationsgestaltung ist es kaum möglich, eine Reinform zwischen beiden Welten abzubilden, jedoch ist es möglich, Management- und Leadership-Aufgaben synchron zu verteilen. Um bei dem vorangegangenen Beispiel mit der Dezernatsleitung zu verbleiben, wäre es z. B. möglich, die Personalverantwortung für das Dezernat nicht einheitlich auf der Ebene der Dezernatsleitung anzusiedeln, sondern abteilungsweise auf die Abteilungsleiter zu übertragen, die auch für die Budgets verantwortlich sind. Die Dezernatsleitung behält stattdessen die Personalverantwortung für die Abteilungsleiter.

---

[4] Neben praktischen Alltagstheorien und Erfahrungen, die uns dies nachvollziehen lassen, stellt die wissenschaftliche Grundlage dafür die sog. Property-Rights-Theorie dar, vgl. dazu z. B. Demsetz, H. (1967).

2

Grundsätze und Konzepte für Führung

In diesem Kapitel werden wissenschaftliche Theorien über die Funktionsweise führungsrelevanter Variablen behandelt. Im weitesten Sinne handelt es sich bei den Themen dieses Kapitels um wissenschaftliche Theorien und Konzepte. Eine erfolgreiche Führungskraft muss kein Wissenschaftler sein. Da jedoch Praxis nicht ohne Theorie stattfinden kann, ist es unerlässlich, dass eine gute Führungskraft ein paar Grundlagen über die Psychologie, die Wirtschafts- und Managementlehre kennt. Einige vom Autor als wesentlich klassifizierte Essenzen daraus, inklusive geeignete Hintergründe zur Vertiefung, liefert dieses Kapitel.

2.1 Neue Institutionenökonomie

Die Neue Institutionenökonomie (NIÖ) umfasst unterschiedliche, relativ geschlossene eigenständige Theoriebereiche[1] und gehört zur „modernen" Organisationstheorie.[2] Sie erklärt wirtschaftliches Handeln

---

[1] Vgl. z. B. Eissrich, D. (2001), S. 50.
[2] Vgl. Schreyögg, G. (2008), S. 59 ff. Die NIÖ fußt dabei auf der mikroökonomischen Theorie, vgl. Hirsch, N. (2004), S. 43 f.; Picot, A. / Dietl, H. M. / Franck, E. (2008), S. 23 ff.; Sie stellt eine Weiterentwicklung der Neoklassik dar, vgl. Richter, R. / Furubotn, E. G. (2003), S. 435.

in einer Welt voller Menschen mit begrenzten kognitiven Fähigkeiten und Moral, die gegenseitig aufeinander angewiesen sind, wenn sie miteinander in Interaktion treten.

Im Zentrum des Interesses stehen dabei Institutionen als Rationalitätssurrogate, die von Menschen geschaffen werden, um kognitiv bedingte Lücken zu schließen und gegen unmoralisches und ineffizientes Verhalten zu schützen.[3] Das Erschaffen und Benutzen solcher Institutionen erfordert dabei den Einsatz realer Ressourcen (Transaktionskosten).[4] An dieser Stelle wird ausschließlich auf die positive bzw. deskriptive und empirisch zugängliche NIÖ Bezug genommen.

Nachfolgend werden auf der Basis dieses Bezugsrahmens die Prinzipal-Agent-Theorie (vgl. Abschn. 2.1.2), die Transaktionskostentheorie (vgl. Abschn. 2.1.3) und die Property-Rights-Theorie (vgl. Abschn. 2.1.4) vorgestellt. Diesen drei Theorien liegt das sogenannte Organisationsproblem zugrunde, welches darstellt, dass durch ein Nichtkönnen (Koordinationsproblem) und ein Nichtwollen (Motivationsproblem) Kosten zwischen unterschiedlichen Interessengruppen entstehen, deren bestmögliche Reduzierung und Kontrolle die Theorien aufgreifen, behandeln und optimieren.[5]

2.1.1 Prämissen und Grundannahmen der NIÖ

In diesem Kapitel werden zunächst zahlreiche Grundannahmen vorgestellt, die sich auf Menschenbilder und wissenschaftstheoretische Grundlagen stützen. Sie dienen dem Verständnis des Theoriekonzepts.[6]

---

[3] So Picot, A. / Dietl, H. M. / Franck, E. (2008), S. 45.
[4] Vgl. Richter, R. / Furubotn, E. G. (2003), S. 585.
[5] So Picot, A. / Dietl, H. M. / Franck, E. (2008), S. 4 ff.
[6] Zu den nachfolgend dargestellten Grundannahmen der NIÖ vgl. vertiefend Picot, A. / Reichwald, R. / Wigand, R. T. (2003), S. 44 f.

Methodologischer Individualismus
Das wissenschaftstheoretische Konzept, auf das sich die NIÖ stützt, ist jenes des Methodologischen Individualismus. Nach dem Methodologischen Individualismus entspringen die durch die Theorie erklärten sozialen Prozesse und Handlungen von und in Organisationen stets den Handlungen einzelner Individuen als Organisationsmitglieder. Anders ausgedrückt, handeln niemals Organisationen oder Gruppen, sondern stets die Individuen, aus denen sie bestehen.[7]

Rational Choice
Die institutionenökonomische Literatur differenziert grundlegend zwischen zwei Arten der Rationalität von Individuen. Zunächst einmal gibt es das neoklassische Konzept absoluter Rationalität. Dieses nimmt an, dass Wirtschaftssubjekte konstante Präferenzen und Restriktionen haben und impliziert damit den Modellfall der Rationalität.[8] Absolute Rationalität kann mit den Worten von Kreps (1990) wie folgt zusammengefasst werden:

> „A completely rational individual has the ability to foresee everything that might happen and to evaluate and optimally choose among available courses of action, all in the blink of an eye and at no cost."[9]

Um die Anforderungen der realen Welt besser zu erfassen, wurde die Annahme der sogenannten unvollständigen Realität entwickelt. Die Idee dieser begrenzten Rationalität wurde von Herbert Alexander Simon[10] entwickelt. Nach Simon geschieht menschliches Verhalten zwar stets in rationaler Absicht (es ist „intendedly rational"), es wird jedoch durch die real zum Betrachtungszeitpunkt verfügbaren Informationen und kognitiven Fähigkeiten des menschlichen Gehirns

---

[7] Vgl. Lachmann, W. (2004), S. 14.
[8] Vgl. Richter, R. / Furubotn, E. G. (2003), S. 3 f.
[9] Kreps, D. M. (1990), S. 745.
[10] Vgl. z. B. Simon, H. A. (1955); Simon, H. A. (1979); Simon, H. A. (1986).

limitiert.[11] Damit versuchen Individuen nach dieser Prämisse unter begrenzten kognitiven Fähigkeiten ihren eigenen Nutzen zu mehren.[12] Diese Nutzenfunktion kann sowohl durch materielle (z. B. Geld) als auch durch immaterielle Aspekte (z. B. Altruismus) genährt werden.[13]

Nach der NIÖ ist die begrenzte Rationalität die Ursache für das ebenfalls der Theorie zugrunde liegende Organisationsproblem.

Das Organisationsproblem
Auf der einen Seite gibt es Mängel in Form von bisher ungenutzten Produktivitätspotenzialen, die durch die Arbeitsteilung und Spezialisierung verursacht werden. Auf der anderen Seite existieren sogenannte wieder „verspielte" Produktivitätszuwächse, die durch den Konsum von Ressourcen durch Tausch und Abstimmung zustande kommen. Beide Sachverhalte werden als Mängel im Prozess des Wirtschaftshandelns bezeichnet.[14]

Die NIÖ befasst sich mit dem Ziel der Optimierung des verbleibenden Nettoeffekts zwischen diesen beiden Sachverhalten. Diese Ausgangssituation wird als sogenanntes Organisationsproblem bezeichnet.

Die Ursachen des Organisationsproblems sind nach der NIÖ sogenannte Koordinations- und Motivationsprobleme. Koordinationsprobleme sind Probleme aufgrund fehlendes Wissens und damit Könnens ökonomischer Akteure[15], wohingegen Motivationsprobleme

---

[11] Vgl. Simon, H. A. (1955), S. 113.
[12] Vgl. Picot, A. / Reichwald, R. / Wigand, R. T. (2003), S. 44 f.
[13] Vgl. z. B. Bamberg, S. et al. (2000), S. 71.
[14] Vgl. dazu konkret Reiß, W. (2007), S. 19 ff.; vgl. a. Picot, A. / Dietl, H. M. / Franck, E. (2008), S. 1 ff.
[15] Ökonomische Akteure sind alle Individuen, Gruppen von Individuen und Unternehmen, die aktiv den Prozess des Wirtschaftens durch Pläne und Handeln beeinflussen und damit ein Teil des Organisationsproblems sind (vgl. Schrüfer, K. (2010), S. 24). Durch den Methodologischen Individualismus basiert jede unternehmerische Handlung auf individuellem Handeln (s. o. in diesem Kapitel).

solche sind, die aufgrund fehlenden Wollens entstehen. Beide Mängel können durch Institutionen eingegrenzt oder unterbunden werden.[16]

Institutionen als Rationalitätssurrogate
Der Term Institution wird im Alltagssprachgebrauch sowie auch in der wissenschaftlichen Literatur sehr heterogen verwendet.[17]

Im Rahmen der NIÖ können Institutionen nach Richter/Furubotn (2003) als ein System zusammenhängender formaler und informeller Regeln (Normen), einschließlich der Vorkehrungen für ihre Durchsetzung, verstanden werden.[18] Eine Institution besteht aus einer Regelungs- und einer Sanktionskomponente[19] und umfasst nahezu jede Struktur, egal ob hart oder weich, die dazu dienlich ist, menschliches Verhalten zu steuern. Basierend auf ihrer Eigenschaft, menschliches Verhalten zu steuern, sind Institutionen folglich Rationalitätssurrogate, die erschaffen werden können, um Mängel, die durch fehlendes Können und fehlendes Wollen (s. o. Organisationsproblem) von Menschen zustande kommen, zu reduzieren.[20]

Ähnlich zu Institutionen sind sogenannte Institutionensubstitute, die ebenfalls Koordinations- und Motivationsprobleme lösen können. Beispiele hierfür Wettbewerb, technische Barrieren, Vertrauen und Kommunikation.[21]

Nach diesem Verständnisgehalt des Terminus Institution oder seinen Surrogaten kann eine Organisation wie die Kommunalverwaltung, der Konzern, Kommune oder auch die gesamte Kommune (Verwaltung, Beteiligungen als Aufgabenträger, Kommunalparlament und auch das territoriale Gebiet für das die Verwaltung örtlich zuständig ist) als

---

[16] Vgl. Picot, A. / Dietl, H. M. / Franck, E. (2008), S. 3–9.
[17] Vgl. Osner, A. (2001), S. 27.
[18] Vgl. Richter, R. / Furubotn, E. G. (2003), S. 7. Für eine andere Definition vgl. z. B. Dietl, H. M. (1993), S. 37.
[19] Vgl. Voigt, S., 2009, S. 26.
[20] Vgl. Picot, A. / Dietl, H. M. / Franck, E. (2008), S. 33.
[21] Vgl. Braun, G. (2004), S. 32 f.; Picot, A. / Dietl, H. M. / Franck, E. (2008), S. 20 f.

Institution betrachtet werden. Die impliziten und expliziten Werte und Normen stellen dabei seine Organisation dar. In der NIÖ wird damit ein instrumentelles Organisationsverständnis (vgl. Abschn. 3.1) zugrunde gelegt.

In aller Kürze kann an dieser Stelle resümiert werden, dass Institutionen darauf ausgerichtet sind, das Handeln von Individuen, die unter begrenzter Rationalität innerhalb des Prozesses des Wirtschaftshandelns agieren, zu optimieren, um das verbleibende Residuum (dem Nettoeffekt, s. o., Teil des Organisationsproblems) zu maximieren.[22] Durch Gefahren asymmetrischer Informationen zwischen ökonomischen Akteuren, gilt es jedoch institutionenkonformes Handeln zu kontrolliert werden.

Asymmetrische Informationen
Die wichtigsten Ressourcen, die den Erfolg eines Dienstleistungsunternehmens wie der Kommunalverwaltung oder des administrativ-politischen Systems der Kommune bestimmen, sind Informationen. Genauer gesagt, geht es um den Zugang von Informationen, die Schnelligkeit des Informationsflusses und die Vertrauenswürdigkeit von Informationen.[23] Informationen werden auch als der „vierte Produktionsfaktor" bezeichnet.[24] Informationen sind von Daten und Wissen abzugrenzen (vgl. dazu Abb. 2.1). Daten und Informationen können dabei als Basis für Wissen[25], welches eine sehr wichtige Humankapitalressource darstellt, bezeichnet werden.[26] Diese Wechselwirkungen werden noch einmal anhand der nachfolgenden Abbildung illustriert (vgl. Abb. 2.1).

---

[22] Für vertiefende Ausführungen zum Organisationsproblem wird auf Picot, A. / Dietl, H. M. / Franck, E. (2008), S. 5 ff. verwiesen.
[23] Vgl. Henning, M. (2006), S. 77.
[24] Vgl. Taschner, A. (2013), S. 5.
[25] Für eine vertiefende Differenzierung der drei Termini vgl. Willke, H. (2018), S. 37 ff.
[26] Zu den betriebswirtschaftlichen Humankapitalressourcen vgl. z. B. Friederichs, P. (2004), S. 34; vgl. a. Semmler, J. (2009), S. 7 f.

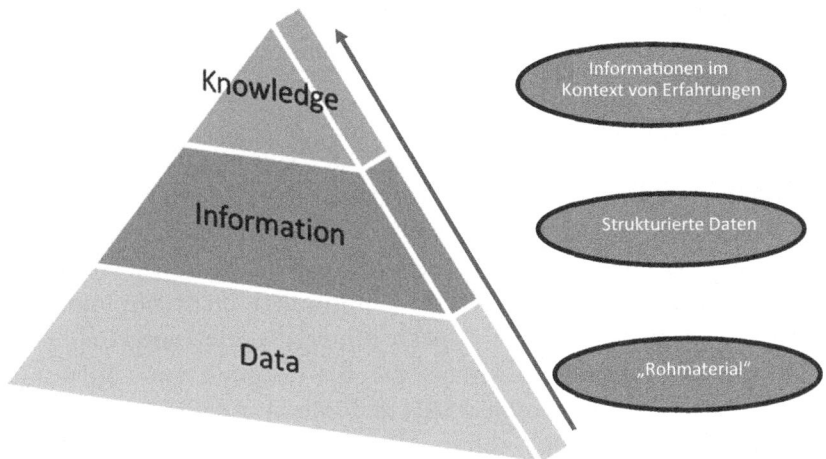

Abb. 2.1 Pyramide der Wechselwirkung zwischen Daten, Information und Wissen. (Quelle: Eigene Darstellung)

Unvollständige Informationen treten in zwei Richtungen auf:

- vorwärts: unvollständige Voraussicht: Wir wissen nicht was die Zukunft bringt,
- seitwärts: asymmetrische Informationen: Der eine weiß mehr als der andere.[27]

In diesem Buch sind asymmetrische Informationen eine relevante Stellgröße. Die Existenz asymmetrischer Informationen macht z. B. opportunistisches Verhalten zwischen ökonomischen Akteuren möglich.[28] Asymmetrische Informationen sind die grundlegende beeinflussende Variable der Prinzipal-Agent-Theorie (vgl. Abschn. 2.1.2) sowie der Transaktionskostentheorie (vgl. Abschn. 2.1.3) und damit der fundamentale Dreh- und Angelpunkt der entstehenden Mängel im Prozess des Wirtschaftens sowie dessen wichtigste „Stellschraube" nach der NIÖ.

---

[27] Vgl. Richter, R. / Furubotn, E. G. (2003), S. 50.
[28] Vgl. unter anderem Bardmann, M. (2011), S. 356.

Eigennutzenmaximierungsaxiom
Durch das Axiom der begrenzten Rationalität (s. o.) ist die Eigennutzenmaximierung als Optimierung des eigenen Nutzens mit limitierten kognitiven Fähigkeiten zu verstehen. Vor diesem Hintergrund kann resümiert werden, dass die Nutzen- oder die Eigennutzenmaximierung nichts anderes als die Realisierung eines Entscheidungsfindungsprozesses eines Individuums ist, welches diejenige Entscheidungsalternative auswählt, die den größten Nutzen für das Individuum bringt. Die Theorie subsumiert nicht nur monetäre, sondern auch nichtmonetäre Aspekte unter die hier vorgestellte Prämisse. Damit erfasst sie ebenfalls die Befriedigung von Altruismus, Macht, Prestige oder extremer Selbstaufopferung als eine Facette der Eigennutzenmaximierung, sofern diese in individuellen Präferenzstrukturen enthalten ist. Sämtliche denkbaren Faktoren nähren folglich individuelle Präferenzstrukturen rationaler Entscheider.

2.1.2 Prinzipal-Agent-Theorie

Die PA-Theorie befasst sich mit unterschiedlichen Informationsproblemen zwischen Akteuren und ist allgemein auf grundlegende wirtschaftswissenschaftlich zentrierte Arbeiten aus den 1970er- und 1980er- Jahren in den USA zurückzuführen.[30]

Die Theorie befasst sich mit arbeitsteiligen Auftraggeber-Auftragnehmer-Beziehungen, die von der Existenz asymmetrischer Informationen zwischen beiden Parteien geprägt sind. In solchen Beziehungen trifft der Agent als Auftragnehmer stets solche Entscheidungen, die nicht nur sein eigenes Wohlbefinden, sondern auch das Nutzenniveau des Prinzipals betreffen.[31] Der Prinzipal als Auftraggeber ist jedoch über das Auftreten bestimmter Umgebungssituationen und auch über das Verhalten des Agenten lediglich unvollständig informiert, woraus sich für den Agenten zahlreiche Verhaltensspielräume

---

[30] Vgl. exemplarisch Ross, S. A. (1973); vgl. a. Jensen, M. C. / Meckling, W. H. (1976).
[31] Vgl. dazu Picot, A. / Dietl, H. M. / Franck, E. (2008), S. 73 ff.

ergeben, die dieser bewusst opportunistisch gegen den Prinzipal ausnutzen kann. Egal ob er dies tut oder nicht, er handelt stets im Sinne der Maximierung seines eigenen Nutzens. Hier kommen die Prämissen des vorangegangenen Kapitels zum Tragen. Als Opportunismus, der auf dem Eigennutzenmaximierungsaxiom basiert, wird solches Handeln verstanden, im Rahmen dessen ökonomische Akteure ihren Interessen folgend, versuchen, ihren eigenen Nutzen durch List und Tücke zu maximieren. Dazu kommt, dass die opportunistisch handelnde Partei billigend in Kauf nimmt, der Gegenseite zu schaden.[32]

Die Theorie knüpft folglich an Zielen und Präferenzen an, die per se als unterschiedlich angenommen werden. Lediglich, wenn die Ziele beider Instanzen aneinander angeglichen werden können oder „hart" überwacht werden, kann sich der Prinzipal vor potenziellen Schäden des Agenten schützen.

Die nachfolgende Tab. 2.1 stellt die Arten von Informationsproblemen inklusive ihrer Gestaltungsparameter (sog. Institutioneller Arrangements) zur Schadensabwendung kompakt dar. Die dargestellten Sachverhalte sind bereits auf den Gegenstand von Leitbildern und Strategieprogrammen einer Kommune angepasst. Die Sichtweise ist diejenige des Bürgers bzw. der Öffentlichkeit als Wähler des Topmanagements einer Kommune.

Adverse Selection

Wahlberechtigte Personen in einer Kommune haben verschiedene Präferenzen, die ihre Zielfunktion nähren. Im Falle von Unternehmern dürfte dies beispielsweise eine unternehmerfreundliche Stadtplanung oder eine niedrige Abgabenlast sein. Bei einer exemplarischen Betrachtung eines Bürgers, der in der Kommune zu Wohnzwecken sein Dasein hegt, könnten diese Präferenzen eine attraktive Wohn- und Freizeitinfrastruktur sein.

Bei der Zugrundelegung der Prämisse der Eigennutzenmaximierung würden die verschiedenen Wähler nun diejenigen zur Verfügung

---

[32] Dabei kommt die Variable des Opportunismus aus der Transaktionskostentheorie und wird von Williamson, O. E. (1975), S. 26 konzeptioniert.

Tab. 2.1 Überblick über Informationsprobleme der Prinzipal-Agent-Theorie am Beispiel des obersten kommunalen Managements

Informationsproblem/ Kriterium	Adverse Selection (Hidden Characteristics)	Moral Hazard (Hidden Action)	Hold-up (Hidden Intention)
Informationsproblem der Bürger[29] (= Prinzipal)	Leistungsvermögen des Topmanagements einer Kommune vor der Wahl nicht bekannt	Leistung des Topmanagements einer Kommune im laufenden Geschehen nicht beobachtbar bzw. nicht beurteilbar	Absichten des Topmanagements sind im laufenden Geschehen nicht bekannt
Problemursache	Möglichkeit des Vertuschens von negativen Eigenschaften (sie werden vor der Wahl nicht thematisiert, ggf. sind sie dem Agenten selbst nicht bekannt, da er sich überschätzt.)	Mangelnde Überwachungsmöglichkeiten der Bürger gegenüber Topmanagement (Was leisten sie wirklich?)	Ressourcenabhängigkeit vom Topmanagement, da nur sie die Entscheidungen „für" das Volk treffen können und über öffentliche Mittel verfügen; Kündigung während Wahlperiode ist „schwierig"
Verhaltensspielraum des Topmanagements (= Agent)	Vor Vertragsschluss (= Wahl)	Nach Vertragsschluss (= Wahl)	Nach Vertragsschluss (= Wahl)
Art der Problembewältigung (Institutionelles Arrangement)	Beseitigung der Informationsasymmetrie durch Signalling, Screening, Self-Selection oder Interessenangleichung	Beseitigung der Informationsasymmetrie durch Monitoring oder Interessenangleichung	Interessenangleichung oder Sicherheiten

Quelle: Picot, A. / Dietl, H. M. / Franck, E. (2008), S. 77

---

[29] Denkbar wäre alternativ ebenfalls die Schwierigkeit der Überwachung der Verwaltung oder des HVB aus Sicht des Kommunalparlaments sowie weitere relevante Konstellationsbeziehungen im Public-Management-Geschehen einer Kommune.

stehenden Kandidaten (z. B. für die Position des HVB oder als Kandidaten im Stadtrat) wählen, die mit ihren Interessen am ehesten übereinkommen.

Das Informationsproblem Hidden Action stellt nun dar, dass die einzelnen wählbaren Akteure Wahlversprechen – unabhängig davon, ob „vorgeschoben" oder ernsthaft verfolgt – haben können, deren spätere Umsetzbarkeit nach der Wahl nicht möglich ist. Hidden Action birgt folglich die Gefahr der ungünstigen Auswahl von Akteuren (Adverse Selection).[33] Dies kann daran liegen, dass die versprechenden Agenten das, was sie versprechen, nicht können (Koordinationsproblem) oder nicht wollen (Motivationsproblem). In beiden Fällen weiß der Wähler, auch wenn das Wahlversprechen mit seinen Präferenzen harmoniert, dies erst nach der Wahl. Wenn es so weit ist, kommt dann das Problem des Moral Hazard zum Tragen, wonach es für den Wähler als Prinzipal schwierig erscheint, ein potenzielles Scheitern von Versprechen auf das eigene (vorsätzliche) Verhalten des Agenten oder auf ungünstige Umwelteinflüsse zurückführen und damit beurteilen zu können. Der Agent wird stets eine Motivation haben, dieses „Schlupfloch" so auszulegen, dass er in positiver Absicht handelte und andere Einflüsse für ein Scheitern verantwortlich waren. Dieses separate Informationsproblem wird im Rahmen dieses Kapitels noch separat behandelt.

Die Theorie liefert triviale und pragmatische Problembewältigungsinstrumente, die sogenannten Institutionellen Arrangements.

Im Rahmen des ersten Informationsproblems werden als solche Signalling, Screening, Self-Selection als Beseitigung der Informationsasymmetrie oder Interessenangleichung als Schutz vor schadhaftem Handeln trotz verbleibender Informationsasymmetrie vorgeschlagen.[34]

Signalling bedeutet, dass der Agent vor Vertragsschluss seine Kompetenz bescheinigt, um sich von anderen Konkurrenten abzuheben (z. B. durch Vorlage von Referenzprojekten, dem Aufzeigen einer Vision für die Stadt oder Bestätigungen über vergangene gute Leistungen). Es geht dabei um die Signalisierung von Charaktereigenschaften bzw. den

---

[33] z. B. Picot, A. / Reichwald, R. / Wigand, R. T. (2003), S. 57; Donato, J. (2009), S. 121.
[34] Vgl. z. B. Picot, A. / Reichwald, R. / Wigand, R. T. (2003), S. 59.

Eigenschaften seines Leistungsvermögens und seiner Leistungsbereitschaft.[35]

Vor einer Wahl, beispielsweise im Rahmen des Wahlkampfes, konkurrieren verschiedene potenzielle Kandidaten miteinander um einen Sitz im Stadtrat oder die Position als Bürgermeister. Diejenigen, die sich durchsetzen können, werden innerhalb ihrer Legislaturperiode darüber entscheiden, wie der normative und strategische Kurs der Kommune „aussieht".

Es ist denkbar, dass sich ein Bürgermeisterkandidat durch die Kommunikation seiner Bereitschaft und Zielsetzung zur Entwicklung eines normativen Konzepts nebst strategischen Programmen über sein Wahlprogramm derart hervorhebt, dass es ihm reicht, um die Wahl zu gewinnen. Ein vollständigeres Signalling, welches einen größeren Anteil an Wählern überzeugt, setzt sich jedoch daneben auch aus anderen Instrumenten zusammen. Die Kandidaten sind daher gut damit beraten, ihren potenziellen Wählern im Rahmen ihres allgemeinen Wahlprogramms oder darüber hinaus auch Informationen darüber zu liefern, welche Leistungen, Projekte, Erfahrungen oder Maßnahmen sie bisher erfolgreich zu ihren Zielthemen erbracht bzw. durchgesetzt haben, kurzum, welche „Performance" sie mitbringen. Demnach wäre denkbar, dass jene Kandidaten beispielsweise ebenfalls ihre Vita und ihre (akademischen) Zeugnisse[36] öffentlich zugänglich machen, um ihre Geeignetheit gegenüber ihrer Wählerschaft zu signalisieren. Überträgt man das Signalling auf das laufende Geschäft nach der Wahl, so können einzelne Aktivitäten im Rahmen des täglichen Handelns zwischen Rat und Verwaltung, zwischen Bürger und Verwaltung oder zwischen Bürger und Politik ebenfalls jeweils als Vertragsschlüsse im weiteren Sinne angesehen werden. Dies bedeutet, dass beim etwaigen Aufeinandertreffen in diesen Kontexten Prinzipal und Agent jeweils ebenfalls alternative Signalling-Aktivitäten durchführen können, bevor sie sich miteinander einigen. Dies kann exemplarisch konkret bedeuten,

---

[35] Vgl. ebenda, S. 57.

[36] Eine weitere Facette des Signalling ist beispielsweise die Veröffentlichung ihrer Steuererklärungen, wie es in den USA z. B. für Präsidentschaftskandidaten üblich ist.

dass der Rat die Verwaltung damit beauftragt, ein Leitbild zu entwickeln und die Verwaltung beispielsweise vorschlägt, dies mittels eigenen Ressourcen sicherzustellen. Dazu legt die Verwaltung, vertreten durch den HVB, ein Konzept vor, wie sie dies zu realisieren beabsichtigt. Um das Vertrauen des Rates zu gewinnen und nachzuhalten, dass die Verwaltung die dazu notwendigen Kompetenzen innehat und eben kein externer Berater beauftragt werden muss, um die Leistung zu erbringen, könnte die Verwaltung dem Rat beispielsweise vergleichbare Alternativprojekte vorlegen (Stadtentwicklungskonzepte, Bürgerbefragungen etc.) und zusätzlich die Ausbildungsschwerpunkte der im potenziellen Entwicklungsprojekt einzusetzenden Personen zur Verfügung stellen.

Screening erfasst alle Aktivitäten des Prinzipals, Informationen über den Agent zu erlangen, folglich also das Informationsdefizit vor einer Einigung zu reduzieren (z. B. durch Recherchen im Internet, Personalauswahlverfahren oder Abfragen von Referenzen).[37]

Um bei unserem Beispiel der Prinzipal-Agenten-Beziehung zwischen Wählern und politischen Kandidaten zu bleiben, sind die Wähler als Prinzipale, diejenigen Instanzen, welche sich über ihre/n Kandidaten informieren. Die Wähler als Prinzipale sind folglich gut damit beraten, sich neben Wahlversprechen beispielsweise bisherige Erfolge, Projekte oder die Vitas der Kandidaten vor „Vertragsschluss" anzuschauen, um darauf Rückschlüsse auf die Erfüllung von Voraussetzungen der zu wählenden Kandidaten für ihre Ämter vornehmen zu können. Wahlkampfveranstaltungen wie „Wählerfragestunden" können z. B. als ein Assessment-Center der Wähler dienen, um dem/den Kandidaten auf „den Zahn zu fühlen". Bei der Besetzung einer Stelle als politischer Wahlbeamter, der als Gemeinderat oder Beigeordneter fungiert (Benennungen sind je nach Bundesland unterschiedlich), ist einmal mehr denkbar, dass das Auswahlgremium als ein Nexus aus Prinzipalen den potenziellen Kandidaten durch verschiedene Screening-Aktivitäten „auf Herz und Nieren" dahin gehend überprüft, ob er die notwendigen Voraussetzungen für sein Amt mitbringt. Denkbar wäre hier dann das Studieren von Arbeitszeugnissen, die Bearbeitung von Arbeitsfallstudien

---

[37] Vgl. Picot, A. / Reichwald, R. / Wigand, R. T. (2003), S. 57.

oder das persönliche Interview als „klassische" Elemente eines Assessment-Centers.

Self-Selection bedeutet, dass der Prinzipal dem Agenten mehrere Angebote vorlegt, aus welchen sich der Agent entscheiden soll. Durch die Art und das Ergebnis der Entscheidung werden Rückschlüsse auf den Agenten vorgenommen (z. B. kann der Auftraggeber dem Auftragnehmer eine „verdorbene Alternative" vorlegen und aus der Auswahl oder Präferenz Rückschlüsse auf die Eigenschaften des Auftragnehmers ziehen). Dieses Instrument wird z. B. durch Versicherungsunternehmen benutzt und durch Selbstbeteiligungen in verschiedenen Höhen umgesetzt. Durch eine hohe Selbstbeteiligung kann die Versicherung als Prinzipal Rückschlüsse daraufhin ziehen, dass der Versicherte als Agent eher ein risikoaverser Verkehrsteilnehmer ist bzw. eigene Anreize haben wird, defensiv zu fahren.[38]

Um bei unserem kommunalen Kontext zu verbleiben, ist beispielsweise denkbar, dass in Assessment-Center-Situationen Bewerbern um Stellen als hochrangige politische Beamtenstellen, Fachaufgaben gestellt werden, im Rahmen derer ihnen zwei oder drei Antwortalternativen zur Problemlösung als Diskussionsgrundlage zur Verfügung gestellt werden. Eine davon ist eine „lemon" (die sogenannte verdorbene Alternative). Greift der Bewerber auf die verdorbene Alternative, welche nicht zur Problem- bzw. Aufgabenlösung taugt, zurück, so hat er als Manager in dieser Situation versagt und diese Station nicht bestanden. Auch dieses Konzept ist wieder auf verschiedenste Kontexte und Akteursbeziehungen übertragbar.

Interessenangleichung bezieht sich trivial darauf, dass Personen derart motiviert werden, dass ihre eigenen Interessen mit den Interessen des Auftraggebers übereinstimmen. Beispiele sind Erfolgsbeteiligungen in (Arbeits-)Verträgen, die Schaffung gegenseitiger Abhängigkeiten durch Sicherheiten (z. B. durch Pfand oder „Geiseln") oder der Abschluss langfristiger Liefer- und Leistungsverträge.[39]

---

[38] Vgl. ebenda, S. 57 f.
[39] Vgl. ebenda, S. 59; Ebers, M. / Gotsch, W. (2014), S. 213.

2 Grundsätze und Konzepte für Führung

Da wir uns in der Zeitachse vor dem Vertragsschluss befinden, sind an dieser Stelle zunächst die Schaffung von Abhängigkeiten durch Sicherheiten oder aber die Schließung langfristiger Kontrakte relevant. Während Abhängigkeiten durch Sicherheiten eher im übertragenen Sinne infrage kommen können (z. B. soziale Reziprozität zwischen Personen und Gruppen), so sind langfristige Kontrakte schon eher ein formal gestaltbares und praxistaugliches Instrumentarium für das kommunale Milieu. Durch sie kann beispielsweise zwischen der Politik als Prinzipal und der Verwaltung als Agent auch vor dem Übereinkommen bestimmte Beschlüsse vorzunehmen, die von der Verwaltung als notwendig gewürdigt wurden (ein Schwimmbad zu bauen, ein Blockheizkraftwerk zu betreiben etc.) ein langfristiger Kontrakt aus Sicht der Politik als notwendige Bedingung eingebracht werden, welcher Bonus- und Malus-Komponenten (z. B. bei Erreichen von Energieeinsparzielen über 3 %, erhält die Verwaltung diese Einsparung als zusätzlichen Budgetanteil für das jeweils folgende Haushaltsjahr).

Moral Hazard
Während wir uns bisher bei der Konstellation vor dem Vertragsschluss befanden, beleuchtet der Moral Hazard jene Gefahr des (opportunistischen) Ausnutzens von Verhaltensspielräumen des Agenten, die nach dem Vertragsschluss dadurch entstehen, dass das Handeln des Agenten nicht beobachtbar oder nicht beurteilbar („hidden") ist. Die hier zugrunde liegende Informationsasymmetrie der Hidden Action erfasst eine Situation, in welcher der Prinzipal zwar das Ergebnis der Handlungen des Agenten kennt, jedoch nicht dessen Absichten und Handlungen. Diese selbst bleiben im Verborgenen. Dies kann dann der Fall sein, wenn der Prinzipal das Handeln des Agenten nicht beobachten kann oder wenn ihm schlichtweg das Wissen fehlt dieses zu beurteilen. Beispielsweise weiß der Stadtrat oder der Bürger nicht, ob die gewählte Maßnahme des Bürgermeisters im Interesse des Gemeinwohls stattfand oder nicht, da er die Alternativen nicht kennt, die dem Bürgermeister zur Verfügung standen. In der Folge können die

Prinzipalen nicht unterscheiden, ob für ein schlechtes Ergebnis der Agent selbst oder ein ungünstiger Umwelteinfluss.[40]

Als Institutionelle Arrangements stehen hier die Interessenangleichung und das Monitoring zur Verfügung.

Während die Bedeutung des Konzepts der Interessenangleichung in diesem Kapitel bereits in seinen denkbaren Facetten erschöpft wurde,[41] stellt nunmehr die Praxis eines wohldimensionierten Monitorings als Reduzierung der Informationsasymmetrien einen praxistauglichen Bezugsrahmen dar.

Als Monitoring wird die schlichte Überwachung des/der Agenten verstanden. Diese können einzelfallbezogen oder standardisiert und institutionell eingebettet sein. Demnach kann Monitoring in Organisationen beispielsweise mittels Daten aus Kostenrechnung oder der Buchführung betrieben werden.[42] Ein Controlling erfüllt damit folglich in seinen denkbaren Facetten auf strategischer oder operativer Ebene, mittels Erfolgskennzahlen oder Prozesskennzahlen sowie weiteren Dimensionen den Zweck des Monitorings. Anhand dieser Makroperspektive des Controllings wird deutlich, wie das Controlling als Managementbefähiger unter betriebswirtschaftlichen Gesichtspunkten theoretisch eingeordnet werden kann. Es baut schlichtweg Informationsasymmetrien zwischen steuernden und ausführenden Ebenen ab.

Hold-up

Der Hold-up betrachtet jene Gefahr des (opportunistischen) Ausnutzens von Verhaltensspielräumen des Agenten, die nach dem Vertragsschluss dadurch entstehen, dass der Prinzipal nach (/bei) Vertragsschluss nicht mehr rückgängig zu machende Vorleistungen (sogenannte spezifische Investitionen) getätigt hat, die nun dazu führen, dass er vom Agenten abhängig ist und nun auf dessen Leistung angewiesen ist. Die

---

[40] Vgl. Picot, A. / Reichwald, R. / Wigand, R. T. (2003), S. 58.

[41] Diese lassen sich auf die Phase nach dem Vertragsschluss übertragen und sind – so liegt es in der Natur der Sache – phasenübergreifend zu betrachten.

[42] Vgl. Donato, J. (2009), S. 122.

bereits bis hierher getätigten Kosten sind „versunken".[43] Denkbare versunkene Kosten, die eine Abhängigkeit erzeugen, sind im praktischen Milieu aus Verwaltungs-/Politiksicht Abstimmungs- und Einigungskosten mit externen Büros (Planungszeichnungen, Projektpläne, Checklisten, begonnene Vorarbeiten, die nur auf den einzelnen Anbieter „gemünzt" sind, erste Geldabschläge nach Verträgen etc.) sowie eben auch das Abgeben einer Stimme für einen Kandidaten aus Bürgersicht. Ab dem Zeitpunkt der Vornahme solcher Handlungen ist man in einer Abhängigkeit vom Agenten. Seine Absichten („intentions") sind im Verborgenen („hidden"). Er kann es gut meinen, jedoch kann er seinen Spielraum nunmehr auch opportunistisch ausnutzen.

Arrangements sind eben Interessenangleichungen durch erfolgsbezogene Verträge mittels Sicherheiten oder aber beispielsweise dem alternativen Aushandeln von Sicherheiten bis zur vertragskonformen Endleistung.[44] Wie hierbei deutlich wird, kann man damit aber im Falle des Falles eher „Schadenbegrenzung" vornehmen, als die Gefahr des Hold-ups (den Raubüberfall des Agenten) völlig unterbinden, denn man ist ab dem Zeitpunkt der Vertragsunterzeichnung in einer Ressourcenabhängigkeit vom Agenten. Zum Beispiel investierte Zeit oder spezifische Arrangements zwischen Prinzipal und Agent (in diesem Fall spezielle und nicht anderweitig nutzbare Absprachen, wie die eingehend erwähnten Pläne oder Zeichnungen) bleiben „versunken".

Ein spezifischer Vertrag weist höhere Transaktionskosten auf, als dies unter unspezifischen Bedingungen der Fall wäre (vgl. Abschn. 2.1.3).

Die Prinzipal-Agent-Theorie erklärt Beziehungen zwischen den verschiedenen kommunalen Akteuren aus der Bürgerschaft, der Verwaltung und dem Kommunalparlament unter Zugrundelegung der jeweilig informativ Bevorteilten. Wer über die notwendigen Informationen verfügt, hat eine nachhaltige Machtposition, die er auch unter Inkaufnahme von Schäden mit List und Tücke zur Mehrung seines eigenen Nutzens ausspielen kann. Es ist denkbar, dass dies nicht passiert, da die Zielfunktionen der jeweils mit Informationsvorteilen

---

[43] Vgl. Picot, A. / Reichwald, R. / Wigand, R. T. (2003), S. 59.
[44] Vgl. ebenda.

gesegneten Individuen nicht zwingend opportunistische Motive zum Inhalt haben, sondern möglicherweise beispielsweise auch Politiker und Wahlbeamte existieren, deren eigene Ziele deckungsgleich mit denen der Bürger oder der Verwaltung sind. Dasselbe Prinzip der Zielkongruenz kann selbstverständlich ebenfalls zwischen sämtlichen anderen Ebenen gelten.

Die Theorie hebt hervor, dass niemand vor oder nach Vertragsschluss die wirklichen Ziele der Agentenschaft kennen kann und daher die Handlungsspielräume bereits präventiv möglichst zielkongruent gestaltet werden sollen, um ein späteres „böses Erwachen" zu minimieren.

Es geht stets darum, Informationsasymmetrien abzubauen oder auch, wenn diese großzügig fortbestehen, dafür zu sorgen, dass sie nicht gegen den Prinzipal ausgenutzt werden.

Die Theorie ist sehr praxistauglich und verkörpert unserer Erfahrung nach keineswegs ein negatives Menschenbild, sondern liefert vielmehr Lösungsmöglichkeiten für sämtliche in der empirischen Welt (/ der Praxis) vorkommenden Konstellationen von Akteuren und ihren speziellen Zielen. Sie ist mehr eine Prävention gegen Probleme durch Zielkonflikte in der Praxis.

Einige Instrumente, wie z. B. Kontrakte oder Zielvereinbarungen zwischen Politik und Verwaltung, ein Controlling und Berichtswesen oder auch ein Assessment-Center, sind für den Managementpraktiker selbstverständliche und geläufige Verfahren und Methoden, jedoch ist ihr theoretisches Fundament nicht selbstverständlich allgegenwärtig. Jenes Fundament auf einer abstrakteren Ebene einer wissenschaftlichen Theorie mit Hypothesen und Gesetzmäßigkeiten auf überprüftem empirischem Gehalt, ist es jedoch, die dem kommunalen Manager über bekannte Beispiele hinaus eine Hilfe zur Erweiterung seines Denk- und Handlungsfokus liefern kann. Letztlich kann eine dynamische Anwendung und Fortentwicklung des bisher in der Praxis bereits bestehenden Instrumentenpools nur auf theoretisch fundiertem Ideenreichtum basieren.

2.1.3 Transaktionskostentheorie

Die maßgeblichen Begründer der Transaktionskostentheorie sind John Roger Commons[45], Henry Coase[46] und Oliver Eaton Williamson[47].
Es existieren verschiedene Definitionen bezogen auf den Terminus der Transaktion.[48] Die zentralen Definitionen wurden von den Pionieren Commons[49] und Williamson geschaffen.[50]
Williamson führt dazu aus, dass „A transaction occurs when a good or service is transferred across a technologically separable interface. One stage of activity terminates and another begins."[51]
Nach Williamson erfasst der Terminus Transaktion danach den Vorgang, der durchgeführt wird, wenn ein materielles oder immaterielles Gut über eine (technisch trennbare) Schnittstelle übertragen wird. Damit ist seine Definition primär durch einen technischen Blickwinkel geprägt und das Wirtschaftssystem als Ganzes kann – um bei dieser metaphorischen Betrachtung zu verbleiben – als Maschinerie betrachtet werden. Transaktionskosten wären damit Störungen in dieser fein abgestimmten Maschinerie und repräsentieren quasi den „Sand im Getriebe" des Marktmechanismus.[52] Williamson verwendet den Bezugsrahmen der Transaktionskosten(-theorie) dazu, um zu beurteilen, ob es effizienter ist, Güter über den Markt zu beziehen oder diese in die Hierarchie einer Unternehmung zu internalisieren.[53]
Ökonomische Transaktionen sind ein Sonderfall sozialer Transaktionen und kreieren einen Rahmen innerhalb dessen ökonomisches

---

[45] Vgl. Commons, J. R. (1931); Commons, J. R. (1934).
[46] Vgl. Coase, R. H. (1937).
[47] Vgl. z. B. Williamson, O. E. (1985).
[48] Einen Überblick über diese Definitionen liefert Donato, J. (2009), S. 98 ff.
[49] Für Commons' Definition, die mehr rechtlich geprägt ist, vgl. Commons, J. R. (1931), S. 652. Für weitere Ausführungen zu seinem Ansatz von Transaktionskosten vgl. a. Commons, J. R. (1934), S. 58 ff.
[50] So Weimer, G. (2008), S. 33.
[51] Williamson, O. E. (1985), S. 1.
[52] Vgl. Söllner, A. (2008), S. 41.
[53] Vgl. Williamson, O. E. (1985).

Handeln stattfinden kann.[54] Innerhalb dieses Rahmens entstehen während des Interagierens zweier Parteien Transaktionskosten. Sie treten an den Schnittstellen zwischen den Parteien auf und stellen durch die zugrunde liegenden Verhaltensannahmen der begrenzten Rationalität und des Opportunismus (vgl. Abschn. 2.1.1) begründete ökonomische „Reibungsverluste" in Form von Verzögerungen, Missverständnissen und „Nachwehen" von sonstigen Irritationen. Da jene Fehlallokationen aufgrund begrenzter kognitiver Fähigkeiten ökonomischer Akteure schlichtweg in Kauf genommen werden müssen, kann man Transaktionskosten auch als „… costs of running the economic system"[55] bezeichnen und damit als unvermeidlich zum Wirtschaftsprozess dazugehörige Losgröße betrachten.

Transaktionskosten fallen im Rahmen der nachfolgenden Handlungen an und umfassen konkret die:

- Anbahnung (z. B. Recherche, Interesse am Standort der Kommune, Beratung des HVB gegenüber interessierten Bürgern) = Informations- und Suchkosten (ex-ante Transaktionskosten),
- Vereinbarung (z. B. Verhandlungen oder Verfassen eines Vertrages) = Verhandlungs- und Vertragskosten (ex-ante Transaktionskosten),
- Abwicklung (z. B. Prozess- oder Projektsteuerung) = Überwachungskosten (ex-post Transaktionskosten),
- Kontrolle (z. B. Qualitäts- und Terminüberwachung, ggf. nach sich ziehende Schlichtungs-, Gerichtsverfahren oder Sanktionen) = Konflikt- und Durchsetzungskosten (ex-post Transaktionskosten) und
- Anpassung (z. B. Zusatzkosten aufgrund nachträglicher qualitativer, preislicher oder terminlicher Änderungen) = Anpassungskosten (ex-post Transaktionskosten).[56]

---

[54] Vgl. Kiefer, M. L. / Steininger, C. (2014), S. 65.
[55] Arrow, K.-J. (1969), S. 48.
[56] Vgl. Picot, A. / Reichwald, R. / Wigand, R. T. (2003), S. 49; Ebers, M. / Gotsch, W. (2014), S. 226.

Wie weit man in der Anwendung der Theorie „den Prozess des Wirtschaftens" auslegt, bleibt dem Analytiker überlassen. Fakt ist jedoch, dass man sowohl die betriebliche oder volkswirtschaftliche Leistungserstellung als auch das alltägliche private Handeln von natürlichen Personen darunter subsumieren kann, da die Variablen und Prämissen der Transaktionskostentheorie für sämtliche Austauschprozesse Anwendung finden und damit auf alle denkbaren Nutzenbündel übertragbar sind. Dieser Umstand wird anhand des nachfolgenden Zitats von Picot (1982) deutlich:

„Jede Gesellschaft stellt eine Menge von rechtlichen (Verfassung, Vertragsrecht, Arbeits- und Unternehmensrecht) und sozialen (allgemeine kulturelle Werte) Institutionen zur Verfügung. Sie stecken den Rahmen ab für die möglichen Vereinbarungsformen, also für die Art der Beherrschung ... von Transaktionen. Organisationen können demnach auch als Systeme von institutionellen Beziehungsmustern interpretiert werden. Diese begrenzen den Spielraum für Transaktionen, also für Vereinbarungen über wechselseitige Aufgabenerfüllung. In diesem Sinne sind Transaktionen die Analyseeinheit bei der Untersuchung von Organisationsproblemen."[57]

Coase, der als Begründer der Transaktionskosten gilt,[58] definiert diese als Kosten der Abstimmung und Durchsetzung eines Vertrages sowie den Kosten der Kontrolle und Durchsetzung von Verträgen.[59]

Eine Unterscheidung zwischen Produktionskosten und Transaktionskosten ist in der Praxis nicht immer einfach vorzunehmen.[60] Transaktionskosten fallen zusätzlich zu Produktionskosten an. Produktionskosten erfassen den Einsatz von Ressourcen für die Produktion von Gütern[61] und enthalten diejenigen Kosten, die in Zusammenhang mit der Fertigungstechnik stehen und unabhängig

---

[57] Picot, A. (1982), S. 269.
[58] Vgl. Göbel, E. (2002), S. 132.
[59] Vgl. Coase, R. H. (1937), S. 390 f.
[60] Vgl. Richter, R. / Furubotn, E. G. (2003), S. 55.
[61] Vgl. Dietrich, A. J. (2007), S. 79.

von der gewählten Koordinationsform (z. B. Markt, Kooperation oder Hierarchie eines Unternehmens) sind. Transaktionskosten hingegen basieren auf dem bzw. entstehen nur durch den Einsatz einer bestimmten Koordinationsform für den Austausch von produzierten Gütern.[62] Transaktionskosten umfassen alle Opfer und Nachteile, die zum Zweck des Leistungsaustausches zwischen mindestens zwei Tauschpartnern entstehen.[63] Anhand dieser Definition wird klar, dass hier insbesondere nicht direkt monetär erfassbare Größen eine Rolle spielen. Im Mittelpunkt stehen vor allem Kosten des Tausches und der Abstimmung zwischen ökonomischen Akteuren.[64] Transaktionskosten sind maßgeblich auf Aspekte rund um das Gut der Information zurückzuführen und entstehen insbesondere durch deren Beschaffung, Verarbeitung sowie mögliche weitere Formen des Austausches von Informationen durch Kommunikation zwischen Menschen.[65]

Die Erklärungs- und Gestaltungsparameter der Theorie fokussieren allesamt eine Informationsverkeilung (Wedging of Information), die letztlich das Herzstück der Theorie ist. Die Ursachen, die jedoch zu ihr und letztlich zu höheren Transaktionskosten in Form von ineffizienten Lösungen führen, sind auf vier zentrale Konstrukte zurückzuführen:

- beschränkte Rationalität (Bounded Rationality),
- Unsicherheit/Komplexität (Insecurity/Complexity),
- Spezifität/strategische Relevanz (Specifity/Strategic Importance) sowie auch
- Opportunismus (Opportunism; vgl. Abb. 2.2).

---

[62] Vgl. Schantin, D. (2004), S. 26. Der Begriff Koordination meint dabei die Allokation der notwendigen Informationen für die jeweiligen ökonomischen Akteure in ihrer Rolle, vgl. dazu Picot, A. / Dietl, H. M. / Franck, E. (2008), S. 9. Dieses Verständnis nimmt Bezug auf den Aspekt der Koordinationsprobleme, die sog. Probleme des „Nichtkönnens" sind (vgl. Abschn. 2.1).
[63] Vgl. Picot, A. (1991a), S. 344.
[64] Vgl. Picot, A. / Dietl, H. M. / Franck, E. (2008), S. 57.
[65] Diese Kosten der Information und Kommunikation treten in den Phasen der Anbahnung, des Abschlusses, der Abwicklung, der Kontrolle und der Anpassung von Leistungsbeziehungen auf, vgl. dazu z. B. Picot, A. / Reichwald, R. / Wigand, R. T. (2003), S. 49.

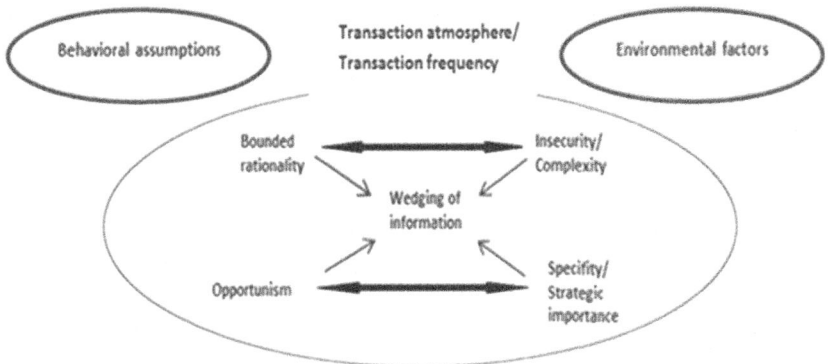

Abb. 2.2 Organizational Failure Framework nach Williamson (1975). (Quelle: Eigene Darstellung in Anlehnung an Williamson, O. E. (1975), S. 40)

Vereinfacht gesagt führt eine gesteigerte Ausprägung einer der vier Variablen bzw. die begrenzte Rationalität an sich „per se" dazu, dass höhere Kosten (Zeit, Arbeit, Kraft und letztlich Geld) investiert werden müssen, als sie unter geringeren Ausprägungen der vier Variablen anfielen. Alle vier Variablen hängen eng mit dem Gut der Information zusammen, und sind nur durch Informationsvorteile vom Agent gegenüber dem Prinzipal möglich. Hier wird die Schnittstelle von der Prinzipal-Agent-Theorie zur Transaktionskostentheorie deutlich. Bei Informationsasymmetrien zwischen beiden Parteien steigen die Transaktionskosten. Die Transaktionshäufigkeit sowie die Transaktionsatmosphäre hingegen charakterisieren den Befähigungsraum des Transaktionskostenanfalls. Je häufiger Transaktionen anfallen, desto schneller amortisieren sie sich, sodass das Abschließen von Verträgen oder die Internalisierung der Transaktion in die Hierarchie der Organisation vorteilhaft erscheint (anstatt sie stets wiederkehrend über den Markt zu beziehen und die Phasen der Transaktionskostenentstehung (Anbahnung, Vereinbarung, Abwicklung, Kontrolle, Anpassung) jedes Mal wieder in Gänze durchlaufen zu müssen. Als Pendant dazu beeinflusst die Atmosphäre die Höhe der Transaktionskosten ebenfalls und bezieht sich auf die sozialen, rechtlichen oder technischen Rahmenbedingungen, innerhalb derer Transaktionen geschehen.[66]

Ausgedehnte, unpräzise und verdünnte normative Schwerpunktsetzungen kosten Geld. Fehlende Profilschärfe von Kommunen sorgt dafür, dass öffentlich finanzierte Ressourcen im Gesamttrend eher willkürlich als zielgerichtet eingesetzt werden.

Ein normatives Gesamtkonzept hingegen senkt die Kosten für Einigungen und Abstimmungen, wodurch Transaktionskosten innerhalb der Kommune zwischen Parlament und Verwaltung sowie den Mitgliedern des Parlaments selbst. Wenn die einzelnen Abgeordneten ein einheitliches mentales Modell vor Augen haben, können Beschlüsse effizienter gefasst werden. Wenn sich das Kommunalparlament einig über die Schwerpunkte der Ressourcenallokation ist, hat es die Verwaltung einfacher, sich vorgegebenen Standards zu fügen, was ebenfalls Transaktionskosten reduziert. Wenn der Wirtschaftsförderer oder der HVB im Rahmen des Standortmarketings mit interessierten Wirtschaftsunternehmen oder Bürgern interagiert, liefert ein normatives Grundkonzept kurz und prägnant die Fakten, die für eine Ansiedlung sprechen. Bürger oder Unternehmer hingegen haben einen geringeren Kontrollaufwand der Parlamente und der Verwaltung, da sie wissen, wofür die handelnden Akteure die öffentlichen Mittel einsetzen. Notwendig ist hierzu natürlich, dass konsequent zielkonforme Ergebnisse erzielt und öffentlichkeitswirksam rückgekoppelt werden. Der Mehrwert eines Leitbilds ist damit die Einsparung von Transaktionskosten. Ein Leitbild kann alle fünf Arten von Transaktionskosten (Informations- und Suchkosten, Verhandlungs- und Vertragskosten, Überwachungskosten, Konflikt- und Durchsetzungskosten und Anpassungskosten) auf ein Minimum reduzieren, wenn es handlungsleitend „gelebt" wird. Ein Leitbild baut unter Zugrundelegung von Williamson's Organizational Failure Framework Unsicherheit und Komplexität ab und reduziert die durch begrenzt rationale Akteure gefassten Entscheidungsunsicherheiten. Die blinden Flecken werden

---

[66] Vgl. ebenda, S. 52.

durch die Schwerpunkte des Leitbilds mit Sehstärke erhellt. Gegen höhere Transaktionskosten durch das Risiko des Opportunismus und die Spezifität, die womöglich auch noch strategisch bedeutsam sein mag, vermag ein Leitbild hingegen keinen Schutz zu bieten. Hierzu wird auf die Prinzipal-Agent-Theorie verwiesen, die entsprechende Institutionelle Arrangements liefert (Spezifität = Hold-up).

2.1.4 Property-Rights-Theorie

Die Property-Rights-Theorie basiert im Wesentlichen auf Arbeiten der (Wirtschafts-)Wissenschaftler Coase[67], Alchian und Demsetz[68], Furubotn/Pejovich[69], Picot[70] sowie Barzel[71] als Begründer der Theorie.

Property Rights können in vier separate Rechte kategorisiert werden:

- das Recht, ein Gut zu benutzen (*usus*),
- das Recht, ein Gut in Form und Substanz zu verändern (*abusus*),
- das Recht, sich aus einem Gut entstandene Gewinne anzueignen sowie auch die Pflicht, die aus diesem Gut entstehenden Verluste mitzutragen (*usus fructus*),
- das Recht, ein Gut an Dritte zu verkaufen (Kapitalisierungs- bzw. Liquidations- oder Übertragungsrecht).[72]

Aus Sicht der Property-Rights-Theorie ist es die Funktion von Verträgen, die Handlungs- und Verfügungsrechte (Property Rights) zwischen ökonomischen Akteuren auf diejenigen Güter, mit denen sie sich befassen, zu übertragen. Die zentrale Annahme der Theorie ist, dass Property

---

[67] Vgl. Coase, R. H. (1937); Coase, R. H. (1960).
[68] Vgl. Alchian, A. A. (1950); Demsetz, H. (1964); Demsetz, H. (1967); Alchian, A. A. / Demsetz, H. (1973); Alchian, A. A. / Allen, W. R. (1974).
[69] Vgl. Furubotn, E. G. / Pejovich (1972).
[70] Vgl. Picot, A. (1981); Picot, A. (1991b); Picot, A. / Reichwald, R. / Wigand, R. T. (2003); Picot, A. / Dietl, H. M. / Franck, E. (2008).
[71] Vgl. Barzel, Y (1989).
[72] Vgl. z. B. Picot, A. / Dietl, H. M. / Franck, E. (2008), S. 46–48; Ebers, M. / Gotsch, W. 2014, S. 197.

Rights Möglichkeiten erschaffen, um Restriktionen und Anreize im ökonomischen Verhalten von Wirtschaftssubjekten zu setzen. Der Term Güter erfasst dabei materielle sowie immaterielle Güter.[73]

In Kommunen sind die relevanten Kontrakte, welche die Allokation der hier vorgestellten Property Rights konstatieren, sowohl im Gesetz (z. B. den Kommunalverfassungen oder den Gemeindehaushaltsordnungen) als auch in internen Dienstanweisungen oder Stellenbeschreibungen festgelegt. Beispielsweise regeln die Kommunalverfassungen die Kompetenzen der Vertretung oder des HVB, interne Regularien in Kommunen wiederum konkretisieren oder ergänzen sie. Schaut man auf die Gesamtverantwortung in einer Kommune, welche die Vertretung und der HVB tragen, so wird klar, dass diese als *usus fructus* bezeichnet werden kann. Diese geht wesentlich weiter als die Verantwortung eines Sachbearbeiters in einem bestimmten Aufgabengebiet.

Property Rights sind in der Lage, Motivationseffekte zu gestalten. Wenn die vier Property Rights jedoch in verdünnter Form auf einen einzelnen Akteur übertragen worden sind, wird dieser mit dem in Rede stehenden Gut, auf das sich die Property Rights beziehen, nicht derart sorgsam umgehen, als wären alle vier Rechte allein auf ihn übertragen (sogenannte Situation der „pooled" Property Rights). Eine Verdünnung bedeutet, dass die vier Property Rights möglicherweise nicht gemeinschaftlich existieren (z. B. die Verfügungsgewalt über das Weltall, bei dem es das Kapitalisierungsrecht faktisch nicht geben kann), dass sie nicht allesamt auf denselben wirtschaftlichen Akteur übertragen worden sind, oder dass sie gleichzeitig auf verschiedene Personen übertragen worden sind. Die beschriebenen Verhaltensmuster bei Verdünnung oder gepoolter Situation der Rechte sind den Verhaltensannahmen des Rational-Choice-Paradigmas (vgl. Abschn. 2.1.1) zugeschrieben. Der Verständnisansatz ist trivial: Derjenige Protagonist, mit den verdünnten Property Rights wird nicht alle auftretenden zukünftigen positiven

---

[73] Vgl. Osner, A. (2001), S. 49.

und/oder negativen Konsequenzen für sein eigenes Handeln tragen müssen, wohingegen derjenige Protagonist, mit den konzentrierten Rechten sie eben tragen muss. Feinabstufungen zwischen „ganz" und „gar nicht" lassen eine differenzierte Analyse von Motivationsstrukturen zu. Wenn nun beide Beispielakteure versuchen, ihren eigenen Nutzen zu mehren, wird klar, dass durch die unvorteilhafte Allokation der Property Rights eine Umwelt für Motivationsprobleme geschaffen wird. Akteure mit verdünnten Property Rights übertragen die Kosten für ihre Handlungen auf die Allgemeinheit und damit auf andere Inhaber von Property Rights. So werden beispielsweise stets der Bürgermeister und die Vertretung die Verantwortung dafür zu tragen haben, wenn ein Amtsleiter Regelungen unterläuft und so können wir zahlreiche Praxisbeispiele finden, im Rahmen derer die Theorie durch Empirie validiert werden kann. Neben der eben beschriebenen Übertragung von Kosten eigenen Handelns auf andere, existiert im Rahmen der Theorie auch die Situation, in der ein Akteur unter verdünnten Property Rights positive Effekte durch sein eigenes Handeln antizipiert, deren Früchte er sich jedoch nicht selber aneignen kann, sondern welche lediglich einen Nutzen für andere zu generieren versprechen. In dieser Situation wird der Akteur unter rationalen Gesichtspunkten seine Leistung zurückhalten und im schlimmsten Falle gar nichts tun. Beide Alternativen produzieren negative externe Effekte.[74]

Externe Effekte beinhalten vereinfacht gesagt die „Auswirkung ökonomischen Handelns [eines Marktteilnehmers] auf die Wohlfahrt eines unbeteiligten Dritten, für die niemand bezahlt oder einen Ausgleich erhält."[75] Sie können positiv oder negativ sein.[76]

Da Politiker mindestens dem Wettbewerb um Wähler und Stimmen unterliegen, haben die politische Vertretung der Kommune, der HVB und auch die übrigen Wahlbeamten zahlreiche Konsequenzen für ihr Handeln zu tragen, sodass sie Anreize haben, nach außen hin eine

---

[74] Vgl. Picot, A. / Dietl, H. M. / Franck, E. (2008), S. 46 f.
[75] Wildmann, L. (2016), S. 132.
[76] Vgl. ebenda.

„gute Figur" zu machen.[77] Diese immanenten Anreiz- und Sanktionsmechanismen der Topmanagementebenen reichen jedoch nicht bis zu den ausführenden operativen Ebenen.[78] So werden die operativen Managementebenen und die darunter liegenden Arbeitsverrichtungsebenen im Bereich der klassischen öffentlichen kommunalen Leistungen in der Regel nicht durch einen Markt koordiniert bzw. sanktioniert.[79]

Aus diesem Grund kann die Theorie der Property Rights beispielsweise erklären, warum Anreize für Veränderungsprozesse (z. B. aus Gründen von Kostenzwängen oder Qualitätsdefiziten) auf der operativen Ebene tendenziell eine geringere Akzeptanz erzeugen, als die Motivation zur Umsetzung auf der Topmanagementebene beschaffen ist. Die ausführende Ebene trägt in der Regel nicht die Verantwortung. Jedoch ist es möglich, die Allokation der Property Rights so zu bündeln, dass zumindest ein adäquates Kosten-Nutzen-Verhältnis bezogen auf einen möglichst effizienten Umgang mit Ressourcen erzielt werden kann. Dabei spielt auch die Prinzipal-Agent-Theorie mit ihren Gestaltungsparametern eine bedeutsame Rolle.

Nach Picot/Reichwald/Wigand (2003) ist die Empfehlung der Property-Rights-Theorie, dass möglichst vollständige Rechtebündel, die mit der Nutzung von Ressourcen verbunden sind, auf die jeweils ressourcenverantwortlichen Handlungs- und Entscheidungsträger verteilt werden sollten, um Anreize für einen selbstverantwortlichen und effizienten Umgang mit Ressourcen zu ermöglichen. Dabei spricht man von einem solchen Operationalisieren von Verfügungsrechten auf die Handlungsträger in den unteren Funktionsebenen von sogenannter „Modularisierung".[80] Operationalisiert man Property Rights, ist es notwendig, sich als Management zu vergegenwärtigen, dass man wiederum jedoch zusätzlich Gefahr läuft, „Spielfelder" für das Schaffen von asymmetrischen Informationen zu schaffen, die gestaltet werden müssen. Durch die Übertragung und Durchsetzung von Property Rights ent-

---

[77] Vgl. z. B. Niskanen, W. A. (1974), S. 156.
[78] Vgl. Picot, A. / Wolff, B. (1994), S. 55.
[79] Vgl. dazu Mühlenkamp, H. / Glöckner, A. (2009), S. 398.
[80] Vgl. Picot, A. / Reichwald, R. / Wigand, R. T. (2003), S. 47 f. ; 259.

stehen nämlich wiederum Opfer und Nachteile durch bestimmte Friktionen zwischen dem Rechtegeber und dem Rechtenehmer in Form von Informationskosten: z. B. Kosten für die Anbahnung (bei einmaligen nicht standardisierten Anfragen), den Austausch, die Abwicklung, die Kontrolle von Leistungen und den damit verbundenen Opportunitätskosten für verspielte alternative Zeitinvestments beider Seiten, die für diese Prozesse aufgewendet werden (Transaktionskosten, vgl. Abschn. 2.1.3).[81] Die Transaktionskostentheorie begrenzt damit, wie anhand der vorstehend beschriebenen Beispiele, mit ihren Variablen den Möglichkeitsraum der Property-Rights-Theorie und setzt notwendige ökonomisch determinierte Schranken für die Rechteallokation. Hier gilt das klassische Kosten-Nutzen-Kalkül durch eine differenzierte Betrachtung der Chancen und Risiken beider Theorien.

Neben formalen Rechtezuordnungen ist es auch denkbar, die Theorie auf soziale Aspekte zwischen Organisationsmitgliedern zu übertragen, die sich beispielsweise auf die Organisationskultur beziehen. Jene können nicht vom Management zugeordnet werden, sondern verstetigen sich über die Ausgestaltung von informellen Rangordnungen innerhalb (und auch außerhalb) von Organisationen.[82]

Die politischen Wahlbeamten und die politischen Mandatsträger verfügen nach der Theorie über die vollständigsten Rechtebündel, welche im Grunde bis hin zum dritten Recht, dem des *usus fructus,* geht. Entstandene Gewinne und entstehende Verluste, die sich durch ihr Handeln ergeben, werden durch den Markt der Wählerstimmen austariert und sorgen für Bonus- und Maluseffekten bei künftigen Wahlergebnissen.

Der Unterschied zwischen Wahlbeamten und einem Vorstand oder einem Geschäftsführer im privatwirtschaftlichen Unternehmen ist jedoch, dass Wahlbeamte lediglich eine Stimme (übrige Wahlbeamte i. d. R. je nach Bundesland sogar bisweilen gar keine) im gesamtdemokratischen Kommunalsystem vor Ort haben und sich ihr *usus fructus*

---

[81] Für einen Überblick über Opportunitätskosten als Facette der Transaktionskostentheorie vgl. exemplarisch Sieg, 2008, S. 5 f.; Stiglitz/Walsh, 2010, S. 194 f.

[82] Ein hierzu beispielgebendes Zitat lautet: „… social institutions, simply evolve" (Scott, 1983, p. 560).

mit 30 oder 50 anderen Köpfen teilen, welche über normative und strategische Entscheidungen erst einen demokratisch legitimierten Beschluss fassen müssen. Ihre Handlungs- und Verfügungsrechte sind damit im Vergleich zu privaten Organisationen stark verdünnt. Dies wird insbesondere daran deutlich, dass sämtliche strategischen und normativen Entscheidungen per Gesetz (Beispiele hierzu liefern die Kommunalverfassungen der Länder, die i. d. R. bereits vorgeben, dass grundlegende längerfristige Ziele der Kommune einen Ratsbeschluss benötigen) nicht vom Verwaltungsvorstand getroffen werden können, ohne dass die politischen Mandatsträger zustimmen. Dies ist aufgrund demokratischer Entscheidungsstrukturen in Deutschlands Kommunen nachvollziehbar und unter diesem Aspekt auch notwendig, jedoch macht es die normative und strategische Positionierung im Sinne des Managements kompliziert und komplex.

Die Gesamtstruktur eines relativ machtlosen Vorstandes und der demokratisch notwendigen Beschlussfassung über normative und i. d. R. auch strategische Pläne, Projekte und sogar Maßnahmen sorgt dafür, dass negative externe Effekte wahrscheinlicher erscheinen, als ohne diese Besonderheit. Innerhalb dieser Struktur werden nach der Property-Rights-Theorie Rechte an Ressourcen von verschiedenen Entscheidern gehalten, was zu mehr Ineffizienz führt als wären sie gebündelt. Damit zusammen hängt, dass eigenes Handeln im Kollektiv schwieriger messbar ist als bei individueller Entscheidungsgewalt. Dieses Problem wurde in der Wissenschaft z. B. bereits von Alchian und Demsetz (1972) als „measurement problems in team production" untersucht und führt nach beiden Wissenschaftlern dazu, dass es in Teamsituationen, innerhalb derer lediglich die Teamergebnisse und nicht der Leistungsaufwand des einzelnen Mitglieds bewertet wird, systematische Anreize für einzelne Teammitglieder existieren, ihren individuellen Leistungsbeitrag zurückzuhalten.[83] Eine solche Systemkonstellation entspricht dem politisch-administrativen System Kommune. Bürger können folglich lediglich Ergebnisse (Beschlüsse und daraus resultierende Ergebnisse) wahrnehmen, nicht jedoch welcher

---

[83] Vgl. Alchian, A. A. / Demsetz, H. (1972), S. 780.

politische Akteur wie viel dazu beigetragen hat, jene zu erzielen. Der praktische Gestaltungsmehrwert aus dieser Theorieimplikation ist, dass es unter solchen Bedingungen, folglich also derjenigen, die in der Kommunalpraxis systemimmanent vorherrschen, aus Motivationsgesichtspunkten zielführend ist, nicht nur Ergebnisse, sondern auch Prozesse und Input systematisch zu messen. Diese These gilt im Übrigen nicht nur aus Bürgersicht gegenüber dem Kommunalparlament, sondern ebenso aus Sicht des Kommunalparlaments als Prinzipal gegenüber der Verwaltung. Nur so kann neben Effektivität auch Effizienz als Erfolgskriterium Einzug finden. Gelingt diese Input-Standardisierung nicht, so hat man es stets mit verbesserbaren Motivationsstrukturen zu tun, die letztlich ein hohes Potenzial zur Verschwendung öffentlicher Ressourcen nach sich ziehen. Im Lichte der Transaktionskostentheorie hat man es mit hohen Transaktionskosten ex ante und ex post zu tun, jedoch sind nicht nur die Transaktions-, sondern auch die Produktionskosten für öffentliche Güter höher als notwendig und damit nicht pareto-optimal.

Die Lehre für die Praxis aus den vorstehend dargestellten Umständen ist, dass es

a) notwendig bleibt, Ergebnisse zu messen und ein Beschlusscontrolling zu betreiben, um Transaktionskosten für spätere Überwachungskosten (vgl. Abschn. 2.1.3)[84] zu reduzieren, jedoch
b) notwendig ist, auch Prozessinputs zu messen,

um Motivationsprobleme in der Politik und/oder der Verwaltung zu reduzieren und Messproblemen in systemimmanenten „Teamsituationen" zu begegnen. Ein einfaches Beispiel kann die standardisierte Presse- und Öffentlichkeitsarbeit der Verwaltung sein, die stets die Stimmabgaben und Sitzungsverläufe aus öffentlichen Sitzungen an die lokalen Medien herausgibt, um möglichst viele Details

---

[84] Zum Beispiel seitens der Bürger, seitens Bürgerinitiativen o. Ä. gegenüber der Politik und auch seitens der Politik gegenüber der Verwaltung (Stichwort: Was wurde aus Beschluss A, B oder C im Rahmen der verwaltungsseitigen Umsetzung in einer Stichtagsbetrachtung des Berichtsbogens?).

über Leistungsinput verschiedener Akteure gegenüber den Sanktionsebenen (hier: Bürger oder Unternehmer) offenzulegen. Ein Beispiel aus Sicht der Politik, die die Verwaltung steuert, kann der Einzug von Wirtschaftlichkeitskennzahlen in ein standardisiertes Berichtswesen sein, deren Zielerreichungsgrade und Kennzahlen zu stets gleichbleibenden unterjährigen Zeiträumen zwischen Verwaltung und Politik ausgetauscht werden.

2.2 Verhaltenswissenschaftliche Entscheidungstheorie

Die Verhaltenswissenschaftliche Entscheidungstheorie stützt sich in der jüngeren Wissenschaftsgeschichte maßgeblich auf Konzepte von Herbert Alexander Simon.[85]

Herzstück der Theorie ist die Annahme, dass Entscheidungsprozesse jeweils auf menschliches Entscheidungsverhalten zurückzuführen sind, deren Merkmale und Bestimmungsgründe im Rahmen der Organisationsanalyse beeinflusst werden können. Die Theorie geht damit nicht davon aus, dass Entscheidungsprozesse einer Entscheidungslogik folgen, sondern vielmehr, dass die Entscheidungsprozesse selbst als menschliches Entscheidungsverhalten verstanden werden. Das Erkenntnisinteresse der Theorie gilt der Fragestellung, wie Organisationen ihren Bestand durch Anpassung an eine komplexe und veränderliche Umwelt sichern. Die Entscheidungsprozesse sind dabei der Ansatzpunkt, um den sich das Theoriegerüst rankt. Die in diesem Buch relevanten Prämissen sind die begrenzte Motivation und die begrenzte Rationalität.[86]

---

[85] Vgl. z. B. March, J. G. / Simon, H. A. (1958); Simon, H. A. (1976); Simon, H. A. (1979). Simon baut dabei maßgeblich auf der Arbeit von Barnards (1938) auf, dessen Überlegungen ihn inspirierten.

[86] Vgl. Berger, U. et al. (2014), S. 118.

Begrenzte Motivation und begrenzte Rationalität
In der Verhaltenswissenschaftlichen Entscheidungstheorie werden Mitglieder der Organisation als dessen Systemumwelt aufgefasst, von deren Motivation die Qualität und Quantität organisationaler Aktivitäten abhängt (Prämisse begrenzter Motivation). Über ausreichende Anreize gilt es folglich, die Mitglieder der Organisation zu ausreichend Beiträgen zu motivieren (sog. Anreiz-Beitrags-Theorie).[87]

Im Zentrum steht dabei das Problem, dass Entscheidungen in Organisationen die Anpassung der Organisation an eine komplexe und volatile Umwelt sicherstellen müssen, mit denen sich die beschränkt rationalen Entscheidungssubjekte in der Organisation konfrontiert sehen. Anders ausgedrückt ist der Analysefokus der Theorie, die Antwort auf die Fragestellung, wie möglichst rationale Organisationsentscheidungen von Individuen mit begrenzter Informationsverarbeitungskapazität unter der Prämisse einer unsicheren Organisationsumwelt getroffen werden können (Prämisse begrenzter Rationalität, vgl. a. Abschn. 2.1.1).[88]

Die Theorie der Organisationsentscheidungen bedient sich bestimmter Mechanismen, um die Mitglieder (nach der Theorie die Entscheider[89]) in einer komplexen und von Unsicherheit geprägten Umwelt rational zu lenken. Sie greift dazu auf folgende Mechanismen zurück:

- Arbeitsteilung,
- Herrschaft und Hierarchie,
- standardisierte Verfahren und Programme,
- Kommunikation und
- Indoktrination.[90]

---

[87] Vgl. Barnard, C. I. (1938), S. 139.
[88] Vgl. Berger, U. et al. (2014), S. 119.
[89] Die Theorie unterscheidet nicht zwischen Entscheidungs- und Arbeitsebenen, sondern subsumiert sämtliche Organisationsmitglieder unter den Terminus „Entscheider".
[90] Vgl. Simon, H. A. (1976), S. 102 f.

Alle fünf Mechanismen begleitet dabei generell folgende Kernthese:

> Organisationen sind in der Lage, durch verschiedene radikale Vereinfachungen Komplexität zu reduzieren und damit vereinfachte Entscheidungssituationen zu kreieren, die es den Organisationsmitgliedern erlauben, rationalere Entscheidungen zu treffen, als diese von Haus aus aufgrund limitierter Informationsverarbeitungskapazitäten zu treffen im Stand wären.[91]

Die fünf Mechanismen, die diese radikalen Vereinfachungen herbeiführen werden nun nachfolgend erläutert.[92]

- Arbeitsteilung:
  Vereinfach gesagt, bearbeitet jeder Entscheider das, worauf er spezialisiert ist und hat nur einen Teil des Ganzen zu bearbeiten, dies nennt man auch Artenteilung, die einen Teil der Arbeitsteilung darstellt. Für die Entscheider verengt sich damit der entscheidungsrelevante Aktionsradius bzw. Aufmerksamkeitsfokus (Attention Focus), was wiederum Komplexität reduziert.[93] Komplexe Probleme und Erwartungen werden in Teilaspekte zergliedert und damit für die Organisationseinheiten übersetzt. Dieser Mechanismus erklärt z. B. die Operationalisierung von Oberzielen in verschiedenste untergeordnete Organisationsziele.[94]
- Herrschaft und Hierarchie:
  Individuen in Organisationen sind in Hierarchien eingebunden, die sie akzeptieren (müssen). Sie sind in vorgegebene Berichts- und Lösungswege eingebunden. Dadurch wird ihnen der Druck genommen, sämtliche Aspekte im Arbeitsalltag selbst entscheiden zu müssen. Die Organisation verzeichnet als Mehrwert, dass eine gewisse *Entpersonalisierung* vorgenommen wird. Dies geschieht

---

[91] Vgl. March, J. G. / Simon, H. A. (1958), S. 164.
[92] Vgl. zu den nachfolgenden Mechanismen Berger, U. et al. (2014), S. 128 ff.
[93] Vgl. March, J. G. / Simon, H. A. (1958), S. 156 f.
[94] Vgl. Berger, U. et al. (2014), S. 129.

dadurch, dass der Verhaltensspielraum einer einzelnen Person durch Herrschaft und Hierarchie eingeschränkt wird.[95] Im Kontrast dazu verfügen Beschäftigte gegenüber ihren Vorgesetzten über ein Informationsmonopol, sodass die Organisationen darauf angewiesen sind, dass die Beschäftigten ihren dadurch entstehenden Handlungsspielraum selbstständig im Sinne der Organisation ausfüllen. Zu diesem Zweck werden Herrschaft und Hierarchie durch Indoktrination ergänzt.[96]

- Standardisierte Verfahren und Programme:
In ihnen ist festgelegt, wie bestimmte Aufgaben in einer Organisation ausgeführt werden. Unterschieden werden sie in Ausführungs- und Zweckprogramme.[97] Ausführungsprogramme kommen standardisierten Prozessen nahe, da sie für gleichartige Fälle (Routinearbeiten) Regeln vorgeben, nach denen die zu bearbeitenden Aufgabenabfolgen vorzunehmen sind („… wenn der Impuls kommt, mache das und das …"[98]). Dies erspart Mitarbeitern als organisationalen Entscheidern die Suche nach geeigneten Lösungen unter begrenzten Informationen und trägt zur Effizienz und Effektivität der Entscheidung bei.
Daneben gibt es Zweckprogramme, die in komplexen Situationen zum Einsatz kommen und in denen Ziele oder Zwecke (Ergebnisse und Kontexte) vorgegeben sind, die Mittel jedoch vom Entscheider selbst zu bestimmen sind („… erreiche dieses Ziel, die Mittel überlasse ich dir …"[99]). Entsprechende zugrunde liegende Ziele werden von der Hierarchie determiniert.
Durch Standardisierung wird die potenzielle Entscheidungsvielfalt auf wenige bis gar keine Alternativen begrenzt. So können bereits durchdachte Lösungen (Muster, Handbücher, Skripte, Prozessbeschreibungen, Arbeitsroutinen oder Computerprogramme) wieder-

---

[95] Vgl. March, J. G. / Simon, H. A. (1958), S. 90.
[96] Vgl. Simon, H. A. (1976), S. 238 f.
[97] Ausführungsprogramme werden in der deutschen Literatur auch als Konditionalprogramme bezeichnet, vgl. dazu z. B. Luhmann, N. (2000), S. 256.
[98] Kühl, S. (2002), S. 202.
[99] ebenda.

holt durchgeführt werden, was die Effektivität und Effizienz von Arbeiten erhöht.[100]

- Kommunikation:
Relevante Informationen, die Individuen benötigen, um Entscheidungen treffen zu können, werden durch festgelegte Kommunikationskanäle gestreut, um arbeitsteiliges Handeln zu koordinieren. Dabei geht es nicht zuletzt darum, die Prämisse der begrenzten Rationalität zu überwinden.
Während Herrschaft und Hierarchie als formales Kommunikationssystem der Organisation bezeichnet werden, verkörpert dieser Mechanismus das informelle Kommunikationssystem. Sein Trend ist die Dezentralisierung von Entscheidungen, während der vorangegangene im formalen System gegenläufig auf die Zentralisierung abstellt. Beide Systeme ergänzen sich im Arbeitsalltag wechselseitig. Innerhalb des informellen Kommunikationssystems können Informationen von Mitarbeitern nach oben und von Vorgesetzten nach unten verformt oder gänzlich zurückgehalten werden, um ihre persönlichen Ziele, die nicht mit den Organisationszielen harmonieren müssen, zu realisieren. Wenn jedoch diese informelle Kommunikation im Sinne der Organisationsziele getroffen wird, ist sie ein sehr effizientes System, welches viel besser funktioniert, als die Idee der vollständigen direktiven Einflussnahme oder des in Gänze angedachten Kontrollsystems, im Rahmen dessen stets die Vorgesetztenebene in die Kommunikationsprozesse eingebunden ist.[101]

- Indoktrination:
Unter Indoktrination versteht man allgemein „... psychologische Mittel zur Beeinflussung Einzelner oder Gruppen ...".[102]
Es geht innerhalb der Indoktrination darum, dass die Führung ihre Untergebenen zur Verinnerlichung von Werten und Zielen der

---

[100] Vgl. Oechsler, W. A. / Paul, C. (2015), S. 30.
[101] Vgl. Simon, H. A. (1981), S. 181 ff. Die Idee der vollständig zentralistisch angelegten Kommunikation (alles wird über den Vorgesetzten kommuniziert) würde neben seiner Ineffizienz im Arbeitsalltag im Übrigen auch an seiner praktischen Unmöglichkeit scheitern, da sie einen „Informationsoverload" für das menschliche kognitive System entfachen würde.
[102] Matys, T. (2014), S. 33.

Organisation bewegt, damit diese Entscheidungen in deren Sinn fällen. Hierbei wird fortwährend deutlich, dass die Theorie nicht davon ausgeht, dass Individuen keine eigene Beurteilungs- und Denkfähigkeit haben und wie Maschinen funktionieren bzw. austauschbar sind (Bezug: standardisierte Verfahren-Ausführungsprogramme sowie Herrschaft und Hierarchie). Da Vorgesetzte eben oft nicht über die notwendigen Informationen für die Entscheidungsrealisierung verfügen, ist es sinnvoller (effektiver und effizienter), wenn dies die Mitarbeiter direkt tun. Sie müssen es jedoch im Sinne der Organisation tun.[103] Instrumente zur Realisierung der Indoktrination sind der Führungsstil, die Organisationskultur[104] oder beispielsweise ein Organisationsleitbild.

Alle fünf Mechanismen sowie auch die anderen hier nicht weiter beleuchteten Fragmente dienen der Überwindung kognitiver Lücken von Menschen.

Die Verhaltenswissenschaftliche Entscheidungstheorie zeigt auf, dass z. B. ein Leitbild, wie es vielerorts propagiert oder umgesetzt ist, als ein Instrument zur Indoktrination von Menschen verstanden werden kann. Führungskräfte jeglicher Art können damit Werte und Ziele vermitteln. Sein Wirkungsfokus richtet sich an die Parlamentarier der Kommune, die Mitarbeiter der Kommunalverwaltung und letztlich an die Menschen, die innerhalb des territorialen Gebietes der Kommune leben und arbeiten. Das Leitbild gibt der Kommune einen „Spirit".

Legt man die Mechanismen der Herrschaft und Hierarchie über die formalen Managementebenen der Kommune, so kann damit erklärt werden, auf welche Weise und innerhalb welchen Metakontextes der Rat die Verwaltung steuern soll bzw. wie sich dieses Gesamtsystem bis in die kleinsten Einheiten der Verwaltung operationalisiert. Dazu leistet der Mechanismus der Arbeitsteilung ebenfalls einen wertvollen Beitrag, da er Oberziele in Unterziele für die operativen Ebenen übersetzt. Ferner können Herrschaft und Hierarchie sowie standardisierte

---

[103] Vgl. Simon, H. A. (1981), S. 181.
[104] Vgl. Sanders, K. / Kianty, A. (2006), S. 200.

Verfahren (in Form von Ausführungsprogrammen) den Metakontext und die Legitimation eines standardisierten Berichtswesens als Rückkopplung von Ergebnis- und Prozesskennzahlen aufbieten. Derselbe Mechanismus erklärt auch den Zweck der Operationalisierung von Oberzielen bis in die letzten Verflechtungen der Verwaltung hinein. Sie sind ein formales Kommunikationssystem, das es den einzelnen Ebenen und Mitgliedern, bis hin zur kleinsten Einheit „Stelle" erleichtern soll, die Vorgaben auf der Metaebene der Organisation (von der Politik/den Bürgern ausgehend) nicht selber auf sich anwenden zu müssen, sondern diese „mundgerecht" absorbieren zu können.

Durch Zugrundelegung des Mechanismus der Kommunikation wird erläutert, welche Gefahr bei einer fehlgeleiteten Indoktrination besteht. So führen beispielsweise toxische Kulturen (Organisationskultur der Verwaltung und/oder Politik oder Systemkultur der gesamten Kommune, inkl. externer Zielgruppen) sehr wahrscheinlich eher zu asymmetrischen Informationsverteilungen mit potenziellen opportunistischen Informationsverwendungen als beispielsweise wertschätzende, sinnstiftende und wohlwollende (gesunde) Kulturen. Hier ist im Übrigen auch die Schnittstelle zur NIÖ und speziell zur Prinzipal-Agent-Theorie (vgl. Abschn. 2.1.2).

2.3 Neue Politische Ökonomie

Die Neue Politische Ökonomie (NPÖ) mit ihren zwei Zweigen der Ökonomischen Theorie der Demokratie und der Bürokratietheorie behandelt Entscheidungsmechanismen nicht marktlicher Organisationen und zieht eine Analogie zur neoklassischen Theorie. Die Prämissen sind dabei dieselben wie die der PA-Theorie, nämlich (begrenzte) Rationalität (hier auch dieselbe, wie bei der Verhaltenswissenschaftlichen Entscheidungstheorie) und Eigennutzenmaximierung, welche erst möglich wird, da Entscheidungssituationen nach der positiven, also empirisch zugänglichen, NPÖ auch unter asymmetrischen Situationen stattfinden.[105]

---

[105] Vgl. z. B. Widmaier, H. P. (1999), S. 64 ff.

William Niskanen und Anthony Downs gelten innerhalb dieses Theoriezweigs der NPÖ als Begründer der Ökonomischen Theorie der Bürokratie[106] und Anthony Downs selbst als Begründer der Ökonomischen Theorie der Demokratie[107].

Downs griff Josef Schumpeters Grundannahme auf, dass es einen fundamentalen zu beachtenden Unterschied zwischen privaten Motiven und sozialer Funktion von Individuen gibt.[108] Würde man dieser These widersprechen, so müsste man annehmen, dass beispielsweise ein Computerwarenanbieter seine Waren lediglich deshalb anbietet, weil es sein Ziel ist, die Menschen mit Computerwaren auszustatten oder ein Fleischer seine Fleischwaren nur deshalb anbietet, weil er die Menschheit vor dem Verhungern bewahren möchte. Vielmehr ist es in der Realität jedoch so, dass beide mit ihrem Tun zur Mehrung des eigenen Nutzens zunächst einmal Geld verdienen wollen. Daraufhin modellierte Downs, wie politische Entscheidungs- und Handlungsprozesse funktionieren, nämlich nicht nach ihrem Zweck der Gemeinwohlmaximierung, sondern der Wählerstimmenmaximierung. Jene Wählerstimmen sichern damit den Fortbestand der politischen Karriere und mehren die individuellen Nutzenfunktionen.[109] Insbesondere an dieser Stelle, wo das Eigennutzenaxiom, die Prämisse der asymmetrischen Informationsverteilung sowie der begrenzten Rationalität, die eine potenziell schädliche Mehrung des eigenen Nutzens zuungunsten anderer erst ermöglicht, weist die NPÖ eine große Schnittmenge zur NIÖ auf, was deren Abgrenzung für die Praxisbedeutsamkeit erschwert.[110] Während die Ursprünge der NPÖ ohne Wechselwirkungen zur NIÖ entstanden, geht der Mainstream an wirtschaftswissenschaftlicher Literatur heute davon aus, dass die NPÖ die

---

[106] Vgl. z. B. Niskanen, W. A. (1971); Niskanen, W. A. (1974); Niskanen, W. A. (1994); Downs, A. (1967).
[107] Vgl. Downs, A. (1968); Downs, A. (1974).
[108] Vgl. Schumpeter, J. A. (1946), S. 448.
[109] Vgl. vertiefend Downs, A. (1974), S. 123 ff.; Lehner, F. (1981), S. 21 ff.
[110] Vgl. Rosenbaum, J. (2009), S. 74 f.

spezielle Anwendung und Vertiefung der NIÖ auf politikwissenschaftliche Fragen darstellt und die NPÖ damit zur NIÖ gehört.[111]

Die Bürokratietheorie funktioniert im Grunde analog zur Ökonomischen Theorie der Demokratie. Als ihr Analyseglied steht jedoch anders als bei ihrem Artverwandten als Individuum nicht *der Politiker*, sondern *der Bürokratieangestellte* oder *-beamte* im Raum. Jener ist zwar beschäftigt, um das Gemeinwohl zu nähren, jedoch funktioniert seine eigene Nutzenfunktion womöglich nach zahlreichen anderen Präferenzen (z. B. Macht, Prestige, Freizeit oder auch Selbstverwirklichung), die sein Handeln treiben.[112]

Nun ist es innerhalb von Bürokratien anders als in Unternehmungen so, dass diese keinen Eigentümer im eigentlichen Sinne haben. Der Leiter einer Behörde sowie die unter ihm arbeitenden leitenden Beamten können sich weder den ganzen Teil noch anteilige Fragmente eines monetären Residuums aneignen, wenn sie effizient gewirtschaftet haben.[113] Weiterhin nimmt das Kriterium der Effizienz nach außen (z. B. Politik, Behördenleitung, Bürger) hin niemand wahr und wird nicht gewürdigt, daher ist es zumindest offenkundig viel nutzenstiftender, wenn man nach einer Budgetmaximierung strebt und sich durch andere Kriterien positionieren kann. So sorgen große Budgets z. B. für eine Legitimation, für Macht und Handlungsoptionen (z. B. viele Mitarbeiter und große Sachmittelbudgets). Bürokraten sind also systemimmanent geneigt, Ineffizienzen zu produzieren.[114] Dieses System kann jedoch nur deshalb unter einem beträchtlichen Faktorüberschuss, also einem Übermaß an Produktionsfaktoreneinsatz (= Ineffizienz durch Budgetmaximierungshypothese) funktionieren, da es i. d. R. eine Monopolstellung hat.[115]

---

[111] Vgl. z. B. Schenk, K. – E. et al. (1996), S. III; Mertins, V. (2009), S. 65.

[112] Vgl. Downs, A. (1968), S. 108 f.

[113] An dieser Stelle besteht im Übrigen eine direkte Wechselwirkung zur Property-Rights-Theorie und dem Recht des *usus fructus* sowie weiterführend ebenfalls des Kapitalisierungs- bzw. Liquidations- oder Übertragungsrechts (vgl. Abschn. 2.1.4).

[114] Vgl. Niskanen, W. A. (1971), S. 208 ff.

[115] Vgl. Lehner, F. (1981), S. 114.

2 Grundsätze und Konzepte für Führung 47

Wenn Behördenleiter Wahlbeamte sind (wie Hauptverwaltungsbeamte und auch sonstige Wahlbeamte in Kommunen), die direkt (Hauptverwaltungsbeamte) oder indirekt (sonstige Wahlbeamte) politisch-marktlich koordiniert werden, dürften sie einen Nexus aus Stimmenmaximierung und Budgetmaximierung aufbieten, um eine optimale Balance aus Budgetmaximierung und Wiederwahlchancen zu realisieren.

Dadurch, dass zwischen den Bürokraten untereinander (z. B. Laufbahnbeamten und Wahlbeamten) bereits mannigfaltige asymmetrische Informationen vorherrschen, kann die Strategie der Budgetmaximierung gut funktionieren, denn Menge und Leistung angebotener Güter aus den Verhandlungsbudgets können „von oben" kaum überprüft werden. Analog funktioniert dies z. B. gegenüber der Politik, welche die grundlegende Budgetallokation vornimmt.

Die NPÖ in Form beider Teildisziplinen erklärt, warum Effizienz in seiner wirtschaftlichen Reinform nicht zwingend handlungsleitende Vision der Individuen in Kommunalpolitik und Verwaltung sein muss.

Die Bürokratietheorie setzt den Impuls eines Mehrwertes für ein Controlling und Berichtswesen zwischen Politik und Verwaltung mit wirtschaftlichen *Losgrößen* als Messindikatoren:

(1) Wenn wirtschaftliche Ziele Einzug in das kommunale Zielsystem finden und bei erfolgreicher Zielerreichung positiv entlohnt werden, dann reduzieren sich die Anreize für Amtsträger in der Verwaltung, sich durch Budgetmaximierungsverhalten ausdehnen zu wollen. Anders ausgedrückt: Erfolgsmaßstäbe des Systems müssten sich dahin gehend wandeln, dass nicht *der größte*, sondern *der effizienteste* Budgetmanager materielle und immaterielle Entlohnungen erfährt. Da die erfolgs- und leistungsorientierte Bezahlung im öffentlichen Dienst sehr starr und vor allem vom Volumen her wenig anreizstiftend beschaffen ist, sind andere materielle Anreize notwendig. Hier wäre beispielsweise denkbar, dass nicht ausgeschöpfte Budgets nicht in den Folgejahren eingespart werden dürften („Dezemberfieber") oder dass zusätzliche Einsparvorschläge prämiert werden. Dies sind nur Auszüge für Ideen, die hier zumindest ausgeschöpft werden sollten,

um Fehlmotivationen zu vermeiden. Darüber hinaus bestehen für die Programmierung von Verwaltungsmanagern auf wirtschaftliche Motive zahlreiche immaterielle Boni, wie eine gute Reputation bei Vorgesetzten, Vertrauen, Wertschätzung etc. Was hier möglicherweise trivial klingt, ist in den meisten Verwaltungen alles andere als ausgeschöpft, sodass nahezu jeder Mitarbeiter einer Kommunalverwaltung Teile der Budgetmaximierungshypothese in seinem Arbeitsumfeld wiederfinden wird.

(2) Nachdem die gerade dargestellte Stoßrichtung auf die Motivationsebene abstellte, die als Ursache für Verhalten betrachtet werden kann (nach der NIÖ als Institutionelles Arrangement der Interessenangleichung bezeichnet (vgl. Tab. 2.1, Abschn. 2.1.2), soll der nächste Konzeptansatz auf das Monitoring (vgl. ebenfalls Tab. 2.1) abstellen). Wenn demnach Menge und Leistung von der Kommune angebotener Güter aus den Verhandlungsbudgets – z. B. durch ein Berichtswesen – durch geeignete Messindikatoren zwischen Politik und Verwaltung kommuniziert würden, gäbe es weniger Spielräume zur Budgetmaximierung im Sinne der Bürokratietheorie. Gegenüber budgetmaximierenden Akteuren in einer Verwaltung würde so der Anreiz, das eigene Budget maximieren zu wollen, durch eine solche Institution deutlich eingeschränkt werden. Dieser zweite ergänzende Ansatz ist deshalb notwendig, da in der Regel verschiedene konfliktionäre Ziele vorherrschen und neben wirtschaftlichen Zielgrößen im Falle einer Zielfixierung i. d. R. auch Leistungsziele (z. B. Output-, Outcome-, Impactziele) formuliert werden und jene sehr wahrscheinlich an verschiedenen Stellen mit Finanzzielen konkurrieren dürften. Einem rationalen Entscheider müsste man also auch bei wirtschaftlichen Zielsteuerungsmechanismen unter realen Bedingungen in der Praxis dennoch weiterhin anteilige Budgetmaximierungsmotive unterstellen (z. B. um durch mehr Stellen einen besseren Service und bessere Ergebnisse erzielen zu können).

Bei den vorangegangenen Ausführungen herrscht die Modellprämisse vor, dass diejenige, der Verwaltung übergeordnete Ebene der Politik, welche die Ziele vorgibt, nach wirtschaftlichen Präferenzen funktionieren möchte. Diese Prämisse jedoch kann unter Zugrundelegung der Ökonomischen Theorie der Demokratie eingeschränkt werden. Im Falle dessen, dass die Wähler sich z. B. vor einer Wahl (plakativ dargestellt) nicht für Sparprogramme interessieren und sich die politischen Akteure potenziell eher durch Ausgabenprogramme in Schulen und Kindertagesstätten oder Kultur und Freizeit ihre Wiederwahl sichern können, wäre die Idee, wirtschaftliche Zielpräferenzen Einzug finden zu lassen, Utopie. Dennoch ist unter praktischen Gesichtspunkten denkbar, dass z. B. in überschuldeten Kommunen Bürgerwille, politischer Wille und damit auch die Zielvorgabe für die Verwaltung in Form von strengen und ernsthaften Haushaltskonsolidierungsvorgaben synchron sind. Letzteres wäre eine Reinform an Zielharmonie, die sich nach der NPÖ in Gänze als optimalstes Modell abzeichnen würde.

In diesem Kapitel werden die Resource-Dependence-Theorie sowie der Resource-based View vorgestellt, um einen Erklärungsmehrwert für das Erstellen von normativen und strategischen Konzepten darzustellen.

Die Resource-Dependence-Theorie geht auf die beiden US-amerikanischen Wirtschaftswissenschaftler Jeffrey Pfeffer und Gerald S. Salancik zurück und befasst sich mit dem grundlegenden Umstand, dass sich Unternehmen knappe und existenziell für sie notwendige Ressourcen aus der Umwelt beschaffen müssen, um fortbestehen zu können. Um notwendige Ressourcen beschaffen zu können, müssen Unternehmen z. B. mit solchen Institutionen zusammenarbeiten, die die Verfügungsgewalt über diese Ressourcen haben.[116] Bezogen auf den konkreten Fall von kommunalen Leitbildern, bedeutet dies z. B., dass die Kommune als Gesamtsystem sich notwendige Ressourcen aus der Umwelt beschaffen muss, um eine Zukunft zu haben. Ein Teil davon mag dem Praktiker vertraut sein, denn ausschließlich durch Tradition und Historie der Selbstbezüglichkeit dürfte ein zukünftiger Fortbestand schwierig zu realisieren sein. Beispielsweise können Mobilitätslücken durch externe Ressourcen wie E-Mobilität, Kulturvisionen durch überregionale oder internationale Vorbildkommunen erquickt werden und

---

[116] Vgl. Pfeffer, J. / Salancik, G. R. (1978), S. 2.

andere eigene Schwerpunkte nur durch externe Impulse oder den Aufbau von Netzwerken erreicht werden.

Pfeffer und Salancik weisen die Aufgabe der Ressourcenbeschaffung ausdrücklich als jene des Managements aus.[117] Dieser Aufgabenzuschreibung konform ist es nicht verwunderlich, dass Leitbilder in der Regel von der Führungsriege der Kommunalverwaltung oder der Politik selbst initiiert werden. Initialzündungen für solche Prozesse werden meist vom Kommunalparlament oder den Hauptverwaltungsbeamten eingebracht.

Der theoretische Ansatz beider Wissenschaftler wird häufig zur Erläuterung des Zustandekommens von Beziehungen von Organisationen oder Netzwerken herangezogen und stellt die Wichtigkeit der Beschaffung externer Ressourcen (wie im konkreten Fall von Leitbildern, z. B. Wissen, Beziehungen, Geld, Immobilien, Hotels, Firmen, Freude, Kreativität und vieles mehr was ein Leitbild braucht, um vital und überlebensfähig zu sein) für den Erfolg heraus.[118] Betrachtungsebene und Bezugspunkt soll in unserem Fall stets das System Kommune sein. Den Status des Systems stellt hier die Kommune als Ganzes (politisch, administrativ, sozial und territorial – je nach Abgrenzung, wo das System beginnt und wo es endet) dar, die maßgebliche Erfolgspotenziale durch ein funktionierendes Leitbild haben kann, da nur dort, wo Menschen leben auch Kommunalverwaltungen und Kommunalpolitik eine Zukunft haben. Die Kommune lebenswert und attraktiv zu positionieren, ist eben der Zweck eines Leitbilds. Ziel der Kommune nach diesem theoretischen Konzept ist es, die eigene Abhängigkeit von der Umwelt durch das Beschaffen, Bündeln oder Verfügen von Ressourcen zu verringern und den Grad der Autonomie zu erhöhen. Es geht um die Ressourceninternalisierung. Relevant und zu vergegenwärtigen ist dabei jedoch, dass durch die *Kontrolle* über bestimmte Ressourcen Potenziale für neue Abhängigkeiten zu

---

[117] Vgl. Pfeffer, J. / Salancik, G. R. (1978), S. 16 ff.
[118] Vgl. Meister, F. (2007), S. 170.

entstehen drohen.[119] Als ein Beispiel dient der möglicherweise bei vielen Menschen vor Ort stetig steigende Bedarf nach Angeboten durch die Kommune auf den Gebieten der Daseinsvorsorge, des Tourismus, der Freizeitgestaltung oder Vereinsunterstützung. Wer auf einem ständig hohen Niveau zu arbeiten versucht, der wird daran gemessen, was er sich durch ein Leitbild auferlegt. Weiterhin darf ein Leitbild nicht *einschlafen*, sondern muss sowohl konzeptionell als auch in seiner Umsetzung ständig evaluiert als auch ggf. fortentwickelt werden. Dies wiederum verursacht neue Abhängigkeiten gegenüber anderen Ressourceninhabern.

Als Gestaltungsempfehlungen schlägt die Theorie vor, dass das Erlangen von Kontrolle über relevante Ressourcen insbesondere durch eine vertikale Integration[120] oder eine Kooperation mit dem Ressourceninhaber eine Strategie zur Internalisierung ist.[121] Diesem Umstand wird in der Praxis nahezu überall implizit gefolgt, ohne dass sich jemand um die Gestaltungsvorschläge dieses theoretischen Konzepts macht. So werden häufig einmalige oder langfristige Verträge (z. B. über Markennamen, Schauspielerauführungen im Kulturbereich oder Leasing bzw. Kauf von Technik) abgeschlossen, um innovative Konzepte zu forcieren. Zieht man die Grenze des Systems bei der Kommune als administrativ-politisches System, so können sämtliche Arrangements mit Externen (dem Bürger oder Unternehmen) in Analogie zu den Begrifflichkeiten und *Deals* der *Mergers & Acquisitions-Szene* zumindest als Kooperation (z. B. indem der Bürger als Markenbotschafter fungiert), wenn nicht sogar als vertikale Integration (z. B. Tourismus- oder Wellnessangebote durch oder gemeinsam mit privaten Unternehmen) bezeichnet werden. Hier wird eine Analogie der Kommune als politisch-administrativ-soziales Gesamtsystem,

---

[119] Vgl. Pfeffer, J. / Salancik, G. R. (1978), S. 94.

[120] Als vertikale Integration wird im Allgemeinen die Fusion zwischen Organisationen verstanden, welche ähnliche Aufgaben wahrnehmen und auf unterschiedlichen Ebenen des Produktionsprozesses miteinander verschmelzen, vgl. dazu Scott, W. R. (1986), S. 268.

[121] Zur Variable der vertikalen Integration als Gestaltungsempfehlung vgl. Pfeffer, J. / Salancik, G. R. (1978), S. 113 ff., zur Kooperation vgl. ebenda, S. 143 ff.

deren Angebote schier unermesslich sein können, zu einem klassischen produzierenden Unternehmen erzeugt.

Dem theoretischen Konzept des Resource-based View liegt, im Gegenzug zur vorangegangen dargestellten Betrachtung, die Annahme zugrunde, dass weniger die Umwelt einer Organisation, einer Unternehmung oder eines Systems durch dessen Ressourcenreichtum den Schlüssel zu dessen Erfolg liefert, sondern vielmehr die einzigartige Ressourcenkonstellation der Betrachtungseinheit selbst.[122] Wenngleich die Unterscheidung beider theoretischen Konzepte trivial anmuten mag, so ist die Art der Betrachtung wo der „Pool" von erfolgsrelevanten Ressourcen liegt und der Stellenwert der beiden Zentren Organisation und Umwelt ein mögliches und zweckmäßiges Unterscheidungskriterium. Nach dem Resource-based View begründen im System befindliche Ressourcen – und vor allem solche, die möglichst nicht von Wettbewerbern kopierbar sind – einen Wettbewerbsvorteil.[123] Nach systemtheoretischer Betrachtung ist die Unterscheidung beider Konzepte relativ unerheblich, denn was System und was Umwelt ist, kommt ausschließlich auf die Abgrenzung des einen von anderen an. Im Rahmen von Leitbildprojekten sei jedoch auf Folgendes hingewiesen: Der Aspekt von großer Beteiligung unterstützt exakt diesen Umstand. Sämtliche Organisationen, Gruppen und Personen auf dem Gebiet der Kommune bündeln ihr Wissen, ihre Kreativität und ihre geldlichen Potenziale, um ein optimales Vorortgefüge zu schaffen. Ein solches Vorgehen sichert nicht nur Akzeptanz, sondern bündelt Ressourcen. Dies wird aus unserer Sicht für den Fortbestand der Kommune als Gesamtsystem als elementar eingestuft. Bereits bei der Erarbeitung und Entwicklung von Leitbildern wird in der Regel versucht, auf eine möglichst breite Masse an Personen mit möglichst großer Heterogenität zu setzen. Implizites und theorie-konformes Ziel ist damit folglich auch, unterschiedlichste Ressourcen zusammenzubringen. Derselbe Umstand – die Bündelung von Ressourcen vor Ort (Wirtschaft, Vereine, Netzwerke, Interessengruppen, Politik, Privatpersonen etc. sowie die diesen

---

[122] Vgl. grundlegend Wernerfelt, B. (1984) sowie Barney, J. B. (1991).
[123] Vgl. z. B. Barney (1991), S. 112.

zur Verfügung stehenden Mittel) – ist damit in mehrfacher Hinsicht ein Schlüsselfaktor zum Erfolg.

Würdigung der Theorie im Hinblick auf den kommunalen Managementkontext
Abhängig davon, wo die Grenze von System und Umwelt ansetzt, sind es die richtigen Ressourcen, die dazu führen, dass eine Kommune eine positive Zukunftsprognose erlangen kann, die sich durch ein Leitbild manifestiert und zu gestalten versucht.

Im Rahmen der Resource-Dependence-Theorie wird nach der klassischen Betrachtung der gesamten Kommune als System und *dem Anderen* als Umwelt, ein Grundstein bezüglich des Verständnisses gelegt, dass die Kommune externe Ressourcen internalisiert. Ergänzt man diese Betrachtung um dem Resource-based View, welcher die einzigartige Ressourcenkonstellation der Kommune selbst als Schlüssel zum Erfolg betrachtet, wird klar, dass beide Betrachtungsfokusse einen Mehrwert in der Operationalisierung auf den konkreten Fall haben.

Es wird Kommunen geben, die über einzigartige Konstellationen verfügen, die nicht von Wettbewerbern kopierbar sind und ihnen einen Wettbewerbsvorteil bescheren. Beispiele dürften Hamburg (Ressourcen: Elbe, Reeperbahn, Kultureinrichtungen) oder Potsdam (Ressourcen durch Babelsberg: Filmstudio, Filmpark und Medienanstalten) sein. Daneben gibt es Kommunen, die keine einzigartigen Ressourcen vor Ort beherbergen. Jene sind darauf angewiesen eigene Lücken durch externe Ressourcen zu sichern. Auch das kann zu einem Leitbild führen (z. B. Mobilitätsstandort Deutschlands im ländlichen Raum durch externe Ressourcen wie E-Mobilität durch Carsharing oder Ähnliches bzw. Vergleichbares). Die Resource-Dependence-Theorie ist jedoch auch bei solchen Kommunen, die über die besten eigenen Ressourcen verfügen, die man sich nur vorstellen kann, ein ergänzender Parameter, denn auch wenn man gut ist, können einen externe Ressourcen noch besser machen und das Angebot ergänzen. Insgesamt werden beide ressourcenorientierten Ansätze daher nicht alternativ, sondern kumulativ und einander wechselseitig ergänzend betrachtet.

2.4 Populationsökologische Identitätsforschung

Eine mannigfaltig an der Empirie validierte Theorie, deren Evidenzen die Leitbildforschung und ihren Praxiseinsatz essenziell prägen, ist die Population-Ecology-Theorie[124] mit ihrem Zweig der Populationsökologischen Identitätsforschung. Kern der Population-Ecology-Theorie ist die Anwendung der synthetischen Evolutionstheorie der Biologie, deren Fundament in Wissenschaft und Praxis häufig mit Charles Darwin in Verbindung gebracht wird, auf Organisationen.[125] Die Population-Ecology-Theorie kann aufgrund ihrer Breite und Kompliziertheit in diesem Buch nicht weiter vorgestellt werden, für eine vertiefende Auseinandersetzung wird jedoch auf Woywode/Beck (2014) verwiesen.[126]

Unser Schwerpunkt liegt auf der Populationsökologischen Identitätsforschung. Das Fundament dieser Forschungsrichtung sind Untersuchungen aus den 1990er-Jahren von Ezra W. Zuckermann, deren Ergebnis ist, dass sogenannte *Audience Members* (Kunden, Verbände oder sonstige Stakeholder einer Organisation) durch ihre Wahrnehmung von Leistungen einer Organisation in einem bestimmten von ihnen definierten Legitimationsbereich einen deutlichen Einfluss auf den Erfolg dieser Organisation haben.[127] Konkret bedeutet dies, dass eine Organisation weniger erfolgreich ist, wenn sie ihre Produkte und Dienstleistungen in einem Bereich anbietet, innerhalb dessen Audience Members sie nicht wahrnehmen. Zuckerman's Hypothese wurde durch Daten des Kapitalmarkts an der Börse gestützt. Konkret konnte er empirische Befunde dafür sammeln, dass Unternehmen desto geringere Aktienwerte in Relation zum Unternehmenswert aufbrachten, je seltener Analysten (als Audience Members) sie in ihren Berichterstattungen berücksichtigten. Es konnte also eine Diskontierung des

---

[124] Vgl. z. B. Hannan, M. T. / Freeman, J. (1977); Hannan, M. T. (1986); Hannan, M. T. / Carrol, G. R. (1992); Hannan, M. T. et al. (1995).
[125] Vgl. Woywode, M. / Beck, N. (2014), S. 256 f.
[126] Vgl. ebenda, S. 256 ff.
[127] Vgl. Zuckerman, E. W. (1997), S. 32 f.

eigentlichen Unternehmenswertes festgestellt werden, die in ihrer Höhe vom Ausmaß der Übereinstimmung zwischen der Identitätserwartung des Unternehmens selbst und der faktischen wahrgenommenen sowie von den Analysten durch Berichterstattung geäußerten Identität des Unternehmens abhängt. Die Einordung (Kategorisierung) der Analysten als Audience Members entscheidet damit über den Erfolg des Unternehmens.[128]

In Bezug auf eine Kommune bedeutet dies, dass sie das, wofür sie einsteht und das, was sie Menschen, die in ihr leben, die sie bereisen, die in ihr Gewerbe betreiben oder in ihren Kommunalgrenzen arbeiten, bietet, auch komplexitätsreduzierend und simpel darstellen sollte, um davon auch einen Nutzen zu haben und ihre Ziele zu erreichen. In diesem Fall kann eine normative und strategische Positionierung folglich einen faktisch nachgewiesenen Nutzen stiften. Dasselbe gilt für Führungskräfte, die mit ihren Organisationseinheiten einen Fokus darauf legen, mit ihrer Performance auch wahrgenommen zu werden. Einen Nutzen kann dies jedoch nur dann erbringen, wenn die Botschaften, Ziele und Leitsätze auch zielgruppengerecht kommuniziert werden. Die Zielgruppen müssen in der Lage sein, die Botschaften der Kommune wahrzunehmen, zu decodieren und sie zu messen. Dies kann aus Autorensicht auf Ebene der Gesamtkommune durch ein umfassendes strategisches Stadtmarketing als kontinuierlichem Prozess und als holistisches Gesamtkonzept zielführend realisiert werden. Wenn ein Leitbild entwickelt wurde, dann müssen vielfältige Aktivitäten dafür sorgen, seine Inhalte für die verschiedensten Zielgruppen haptisch zu gestalten.

2.5 Mechanistische Managementberatung

Führungskräfte haben ähnliche Rollen wie Unternehmensberater. Einer der wesentlichen Unterschiede ist, dass ihre Kompetenzen regelmäßig weitreichender sind. Zwei klassische Beispiele sind die

---

[128] Vgl. ebenda, S. 12; 35.

Umsetzungskompetenz von Veränderungsempfehlungen oder auch die Personalführung. Aus den beiden Beispielen wird deutlich, dass dieser Kompetenzunterschied nicht immer so sein muss. Es ist beispielsweise auch nicht selten der Fall, dass externe Consultants im Bereich des Interim-Managements oder eines komplexen Projekts auch die Personalführung übertragen bekommen haben. Genauso gibt es interne Manager ohne Personalführungskompetenz und Implementierungsverantwortung.

Vor dem Hintergrund der geschilderten Ausgangslage, unterscheiden sich die Rollen Consultant und Führungskraft in gewissen Konstellationen lediglich im Hinblick auf den Status des Vertragsverhältnisses zur Organisation (Arbeitsvertrag vs. kurzfristiger Dienstvertrag oder Werkvertrag) oder die Rolle der Führungskraft als Teil der Organisation und den Berater als Teil der Umwelt.

Durch die Analogien zwischen beiden Charakteren und Rollen, leisten die theoretischen Implikationen der Managementberatung einen wertvollen Beitrag zu den Möglichkeiten und Grenzen des Wirkungsgrades der Führungskraft in der Organisation.

In Anlehnung an Handler[129] basiert die klassische Managementberatung (auch Experten- oder Fachberatung) auf dem im 17. Jahrhundert entstandenen und durch René Descartes (1596–1650) geprägten mechanistischem Weltbild. Decardes ist Begründer des modernen Rationalismus und überzeugt, dass alle Ereignisse durch Denken erfasst werden können und das Universum mit samt seiner Teile (Organisationen, Menschen etc.) als triviale Maschine den mathematischen und mechanischen Naturgesetzen folgt. Das mechanistische Denken geht von der Annahme direkter Ursache-Wirkungs-Beziehungen, einer Kalkulierbar- sowie Vorhersehbarkeit von Handlungen und deren Folgen sowie der Reduktion von Komplexität aus.[130]

---

[129] Vgl. Handler, G. (2007), S. 43 ff.
[130] Vgl. z. B. Lang, D. (2016), S. 39.

In der folgenden Abb. 2.3 wird die klare Input-Output-Steuerung[131] einer trivialen Maschine dargestellt, wie sie auch in der klassischen Managementberatung Anwendung findet.

Bei der klassischen Managementberatung, deren prägende Hauptvertreter Taylor (Scientific Management), Weber (Bürokratiemodell) und Fayol (Administrationstheorie) sind, sollen die Berater dem Kunden, dem das nötige Know-how fehlt, als Wissensvermittler dienen, Erfahrungen weitergeben und ein Problem in der Organisation lösen. Der Ansatz basiert auf dem Verhältnis Laie/Experte, vergleichbar dem Verhältnis Patient/Arzt, und ist ein nicht wegzudenkender Bestandteil des Consultings. Der Berater setzt bei der klassischen Beratung seine spezifischen Kompetenzen und Methoden zur Lösung des erörterten Problems zielgerichtet ein, indem er möglichst sämtliche Informationen über die differenten Handlungsoptionen der vorhandenen Situation sammelt, auf mögliche Konsequenzen analysiert und anschließend eine entsprechende Lösung erarbeitet. Der Mitarbeiter spielt hier tendenziell eine stark untergeordnete Rolle. Die Umsetzung der Empfehlung erfolgt bei Gefallen durch die Organisation selbst.[132]

Bei einer Führungskraft ist die Sache sehr ähnlich. Ihre Maßnahme (z. B. eine Zielvereinbarung oder eine Abmahnung mit klarer Verhaltenserwartung an einen Mitarbeiter) wurde von ihr ausgewählt und ist darauf ausgerichtet, ein vorab identifiziertes Problem zu lösen. Hier ist der Mitarbeiter oder eine Gruppe von Mitarbeitern (z. B. Team, Abteilung etc.) der Teil der Organisation, der die Maßnahme umsetzen

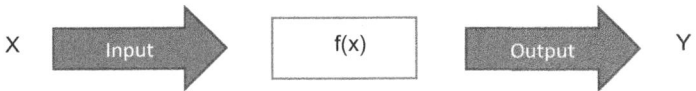

Abb. 2.3 Die Funktionsweise der trivialen Maschine. (Quelle: Eigene Darstellung in Anlehnung an Groth, T. (1999), S. 34)

---

[131] Vgl. Groth, T. (1999), S. 47 ff.
[132] Vgl. Bamberg, E. (2006), S. 39.

soll und dies bei „Gefallen" (d. h. wenn der Nutzen größer ist als die Kosten) tut.

Das Grundproblem des mechanistischen Managementberatungsmodells ist die Voraussetzung einer kausalen Steuerungslogik zwischen Berater/Führungskraft und Organisation im Sinne der trivialen Maschine.

Die beiden nachfolgenden Kapitel der kybernetischen Führung sowie der systemischen Führung gehen von einer gänzlich anderen Steuerungslogik aus.

2.6 Kybernetische Führung

Die bisherigen Ausführungen in diesem Buch haben den Schwerpunkt auf den Fokus der Führungskraft als Person gelegt. Dort ging es im Leadership primär um die Interaktion zwischen Leader und Organisationsmitgliedern sowie im Management um das Organisieren und die Sachverantwortung von Personen in der Organisation.

Kybernetisches Management versteht die Aufgabe Management (Leadership inbegriffen) als Gestaltung und Lenkung des komplexen und dynamischen Systems „Organisation" (Unternehmung, Behörde, Stiftung etc.) mit seiner Außen- und seiner Innendimension.[133]

Ein System ist allgemein definiert ein nach Prinzipien geordnetes Ganzes. Jedes System besteht aus Elementen (Bestandteile des Systems oder weitere Subsysteme), die zueinander in einer Beziehung stehen. Durch solche Beziehungen entsteht eine Relation der Elemente zueinander. Sie beeinflussen sich wechselseitig. Die Relationen zwischen den Elementen eines Systems, stellt die Struktur des Systems (auch seine Eigenschaften) dar.[134]

Beim kybernetischen Management liegt der Fokus auf Strukturen von Systemen, die von einer gewissen Selbstregulierung geprägt sind.

---

[133] Vgl. Baldegger, R. (2007), S. 79.
[134] Vgl. Sedlacek, K. – D. (2021), S. 20 f.

Die kybernetische Managementsicht geht davon aus, dass ein System nicht gesteuert werden kann, da die Komplexität viel zu hoch ist. Die Weltsicht der klassischen mechanistischen Managementlehre ist hingegen, dass Komplexität durch Management reduziert werden muss, um eine Steuerung des Unternehmens zu ermöglichen. Die kybernetische Managementsicht hingegen, legt zugrunde, dass Komplexität nicht reduziert, sondern akzeptiert und absorbiert werden muss.

Es gibt selbstregulierende Kräfte einer Organisation, die der Steuerung entweder nicht zugänglich sind, oder deren Komplexitätsstruktur so hoch ist, dass diese nicht mit einem vertretbaren Aufwand und in einer nachhaltigen Weise verändert bzw. kontrolliert werden können (sog. Kontrollproblem).[135] Aufgrund der Komplexität und des Kontrollproblems hat William Ross Ashby – einer der Pioniere der Kybernetik – seinerzeit die Hypothese aufgestellt, dass die Regulierung von kybernetischen Systemen nur über ein geeignetes Kontrollsystem möglich ist.[136]

Ein System hat nämlich zwei selbstregulierende Grundkräfte:

- den Status quo erhaltende Kräfte (morphostatische) und
- die Entwicklung des Systems vorantreibende Kräfte (morphogenetische).

Ziel des Systems ist die Homöostase – das Gleichgewicht. Das System will sich selbst erhalten und/oder sich an die sich wandelnde Umwelt anpassen (sog. Selbstregulation).[137]

Das nachfolgende Zitat soll die Wirkungsweise und die Bedeutung der beiden Grundkräfte verdeutlichen (auf den Unterschied zwischen Homöostase und der Homöostase ähnlichen Zuständen soll dabei nicht weiter eingegangen werden):

---

[135] Vgl. Popp, K.-J. (1997), S. 28.
[136] Vgl. Ashby, W. R. (1958).
[137] Vgl. Brühwiler, H. (1994), S. 137.

> *Für die Autonomie eines kybernetischen Systems gegenüber seiner Umwelt, für seine „Fähigkeit zur Selbstorganisation, Selbstaufrechterhaltung und Selbstreparation" spielen zwei Prozesse eine wichtige Rolle: Morphostase und Morphogenese. Die Fähigkeit zur Morphostase eines Systems hat Ähnlichkeit mit der Homöostase und bringt zum Ausdruck, daß [sic] das System angesichts der Unbeständigkeit seiner Umwelt bestrebt ist, Konstanz zu erhalten. Nur so kann verhindert werden, daß [sic] jegliche Veränderung des Milieus zu Veränderungen des Systeminneren führt. Die Anpassungsfähigkeit eines Systems wird jedoch erheblich gesteigert, wenn es auch zur Veränderung seiner Grundstruktur in der Lage ist. Dies wird als Morphogenese bezeichnet. Wenn auch notgedrungen und unter Ausschöpfung zunächst seiner morphostatischen Fähigkeiten hat dies – insbesondere in Krisensituationen – erhebliche, meist qualitative, Neukalibrierungen des Systems zur Folge. Charakteristisch für gesunde lebende Systeme sind beide Fähigkeiten: jene zur „Morphostase" (bzw. „Homöstase") und jene zur „Morphogenese" (bzw. „Transformation"). Voraussetzung hierfür ist, daß [sic] das System zur Aufnahme und Assimilation von Informationen aus seiner Umwelt bereit, willens und fähig ist, d. h. daß [sic] das System fähig ist zur Autoorganisation (Selbstorganisation).*[138]

Selbstregulierende Kräfte der Organisation kann sich eine Führungskraft insofern zunutze machen, als dass sie für den Regelkreislauf bestimmte Normen vorgibt, die diesen bestimmen und seiner Funktionslogik entsprechen. Damit befinden sich Maßnahmen der Führungskraft auf der Ebene der morphostatischen Grundkraft. Diese Normen können sich in Grundsätzen, Zielen, Richtlinien, Prozessbeschreibungen und ähnlichen Vorgaben manifestieren. Vereinfacht ausgedrückt überlässt die Führungskraft „den Rest" der Selbstregulation des Systems.

Selbstverständlich sind in der Managementkybernetik Ergebniskontrollen und Einzeleingriffe des Managements notwendig und selbstverständlich werden Managementinstrumente, wie beispielsweise Führung mit Zielvorgaben, Reportings, Kennzahlen, Mitarbeitergespräche, Beurteilungen und vieles mehr genutzt. Lediglich der Nutzen

---

[138] Albrecht, K. P. (1999), S. 46 f.

der Instrumente wird anders verstanden als in der mechanistischen Führungsphilosophie. Sie sind in der Kybernetik eine Hilfestellung dazu, die Komplexität zu verstehen und mit ihr umzugehen, anstatt gegen sie anzukämpfen und die „Weltsicht" einfach zu machen.

Die klassische Charakteristik der kybernetischen Managementlehre für die Praxis ist, dass das Treiben in der Organisation durch Regelsetzung vorgegeben wird, und lediglich bei Abweichungen vom Management eingegriffen wird. Dies ist ein fundamentaler Unterschied zum klassischen mechanistischen Management. In der mechanistischen Managementlehre wird versucht, aktiv zu lenken und permanent durch Handeln und Gestalten den Weg zum Ziel zu „erreichen". Kybernetisches Management macht sich die natürliche „Homöostase" von evolutionären Systemen zunutze und geht davon aus, dass Systembestandteile wie Mitarbeiter stets nach einem ausgeglichenen Zustand zwischen System und Umwelt streben. Dieser ausgeglichene Zustand manifestiert sich darin, dass Ziele erreicht werden wollen.

Beispiele für die Homöostase aus anderen Wissenschaftsdisziplinen als der Führungs- und Organisationsforschung sind etwa die Blutzuckerregulation (Biologie/Medizin), die Selbstregulation eines Menschen (Psychologie) oder das Marktgleichgewicht (Volkswirtschaftslehre). Das Gegenteil von selbstregulierenden Systemen sind regelnde Systeme. Beispiele hierfür sind z. B. die meisten Softwareanwendungen, eine Heizungsanlage oder ein Verbrenner-Kraftfahrzeug.

Ein kybernetisches System ist gekennzeichnet durch Vorgänge *der Steuerung, der Regelung und der Anpassung.*[139]

Die *Steuerung* setzt voraus, dass dem System von außen ein Ziel gesetzt wird.

Die *Regelung* des Systems wird dadurch erreicht, dass die Systemmitglieder (/das System) versuchen, die Zielwerte zu erreichen.

Bei der *Anpassung* verändert das System sein Verhalten in der Weise, als dass ein ausgeglichener Zustand zwischen System und Umwelt angestrebt wird. Der Sollwert (Ziel) wird vom Management entwickelt und ist die Grundlage für die Regelung. Ohne Sollwert kann es keine

---

[139] Vgl. Baldegger, R. (2007), S. 67.

Regelung des Systems geben. Regelung und Anpassung stellen zwei Stufen der Selbstregulierung dar.

Die Führungskraft orientiert ihre Managementinstrumente und ihr Handeln aus Systemfunktionssicht folglich an den drei Vorgängen Steuerung, Regelung und Anpassung. Nur bei Abweichungen vom Sollwert wird von der Führungskraft gehandelt. Um diese Abweichungen zu messen, helfen die in diesem Kapitel oben genannten Instrumente. So kann z. B. mit Fehlertoleranzen oder anderen Kennzahlen im Rahmen von systematischen stichtagsbezogenen Controlling-Mechanismen oder wiederkehrenden einzelnen Stichproben gearbeitet werden (in einer Verwaltung: Fehlertoleranzen bei erstellten Bescheiden, Fehlertoleranzen bei Beschwerden gegenüber Mitarbeitern, Fehlertoleranzen im Rahmen von Eingaben in eine Software in der Buchhaltung oder der Gebäudeverwaltung, Controllingberichte von Controller an Leiter oder selbst erstellten Kennzahlen des Leiters etc.). Im Falle von Kennzahlen rundum Fehlertoleranzen legt die jeweilige Führungskraft diese individuell fest und wertet die Istdaten zu bestimmten festgelegten Zeitpunkten aus. Wenn die Sollwerte überschritten werden, wird ein Gespräch mit dem Mitarbeiter oder dem Team anberaumt, um über die Abweichungen zu sprechen und künftige Ziele zu besprechen. Die Kommunikation in Bezug auf Abweichungen kann im Rahmen von systematischen Reportings oder in individuellen Mitarbeiter- oder Teamgesprächen stattfinden.

Die Merkmale des kybernetischen Systems können anhand des nachfolgenden Regelkreis-Schemas veranschaulicht werden (vgl. Abb. 2.4).

Das Regelkreis-Schema steht für ein jedes kybernetische System. Dies gilt sowohl für selbstregulierende und nichtselbstregulierende Systeme.

Mit Blick auf selbstregulierende Systeme, wie z. B. eine öffentliche Verwaltung (analog auch ein privates Unternehmen, ein Verein, eine Stiftung etc.) muss der Sollwert gemäß der vorstehenden Abbildung von der Führungskraft vorgegeben werden. Bei einem nichtselbstregulierenden System würde dieser Sollwert durch den Systemarchitekten des Systems (z. B. den Softwareentwickler bei einem

2 Grundsätze und Konzepte für Führung

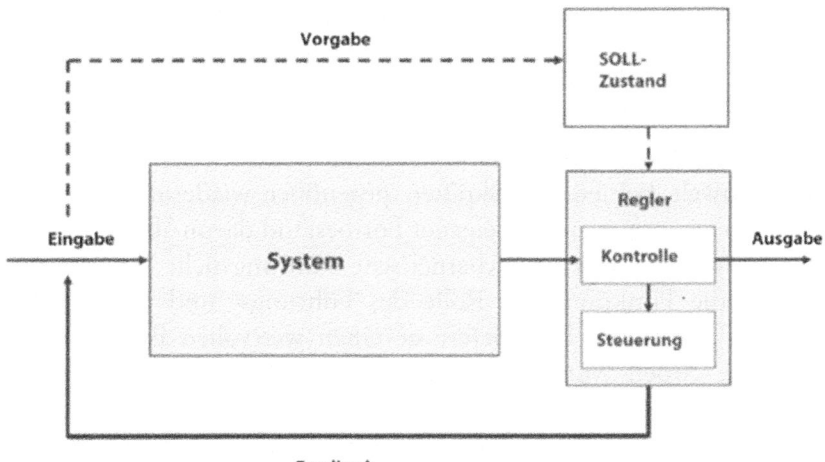

Abb. 2.4 Regelkreis-Schema der Kybernetik. (Quelle: Baldegger, R. (2007), S. 68)

fremdregulierten Softwaresystem) vorgegeben werden. Das System benötigt stets einen Regler, der den Istzustand stets dem Sollwert gegenüberstellt. Dieser Regler hat eine Diagnosefunktion. Bei Abweichungen, die größer sind als entsprechende Toleranzgrößen es zulassen, werden Korrekturen in Gang gesetzt.

Anhand der Abbildung zeigt sich, dass die Instrumente und das Handeln der Führungskraft inmitten der Eingabe bis hin zum Sollwert (Ziele setzen), des Reglers (Performance-Messung, Kommunikations- und Motivationsprozesse) sowie dem Feedback (Kommunikations- und Motivationsprozesse) angeordnet werden sollten.

Gerade, wenn nicht die morphostatische, sondern die morphogenetische Grundkraft erforderlich ist, also das System sich verändern soll, muss die Führungskraft entsprechend zielgerichtet agieren.

Das System will sich an seine wandelnde Umwelt anpassen. Folglich gilt es die Umwelt so zu gestalten, dass eine Anpassung für die Systemmitglieder vorteilhaft erscheint. Dies kann in Bezug auf die interne Systemumwelt so geschehen, als dass beispielsweise die Unternehmenskultur derart vorgelebt und durch Neueinstellungen auf der Führungs- und Mitarbeiterebene verändert wird, als dass die „letzten alten Hasen" keinen Mehrwert mehr darin sehen, sich dagegen zu sträuben. Ihr Überleben erscheint gesichert, wenn sie sich beugen. Eine Oppositionspolitik würde ihren Fortbestand gefährden. Dieselbe Funktionslogik kann ein Markt- und Krisendruck auf der äußeren Systemumwelt bei Führungskräften gegenüber wiederum ihren Vorgesetzten erzeugen, wenn ihr eigener Fortbestand davon abhängt.

Zusammengefasst kann kybernetische Führungssicht das Verständnis über die Funktion und Rolle des Führungs- und Managementvorganges verändern. Hier liefert sie einen wertvollen Beitrag für die praktische Arbeit von Personen mit Entscheidungsverantwortung. Die Instrumente für das Handwerk im Rahmen der beeinflussbaren Variablen erhalten dadurch einen anderen Funktionshintergrund.

Die kybernetische Führungssicht kommt nach eigener Beobachtung des Autors dort an seine Grenzen, wo Wissenschaft und Praxis versuchen, die gesamte Organisation als System zu trivialisieren und zu entpersonifizieren und zu stark zu systemisieren. Die theoretischen Implikationen in diesem Kapitel zeigen in Bezug auf Instrumente einer Führungskraft sehr gut, dass man „das Rad" nicht neu erfinden kann, und auch hier wieder altbewährte Instrumente das Mittel der Wahl sind.

Im nächsten Kapitel geht es um die Rolle der Führungskraft im Rahmen der soziologischen Systemtheorie.

Kybernetik und soziologische Systemtheorie sind nicht das Gleiche, jedoch sind einige Funktions- und Betrachtungsweisen ähnlich. Beide Theorien gehören zur Allgemeinen Systemtheorie.[140] Beide Theorien sind isomorphen Grundkonzeptes[141] und damit auf zahlreiche Wissenschaftsdisziplinen anwendbar. Ähnlich sind ihnen beispielsweise auch die Fragen nach der kausalen Steuerungslogik, der Komplexität, dem Selbsterhaltungstrieb und auch der externen Zugänglichkeit.[142]

---

[140] Vgl. Zapp, W. et al. (2010), S. 55.
[141] Vgl. Bradel, A. (1995), S. 15.
[142] Vgl. z. B. Ebert, W. (2001), S. 128 f.

Das, was in der Kybernetik das Prinzip der Selbstregulierung darstellt, ist im Kontext der soziologischen Systemtheorie im nachfolgenden Kapitel sinnbildlich die Selbstreferenzialität. Die soziologische Systemtheorie wurde explizit vor dem Hintergrund des Funktionierens sozialer Systeme entwickelt, während die Kybernetik vorerst aus den technischen Naturwissenschaften (Physik oder Informatik) stammt und dann erst auf soziale Systeme übertragen wurde.[143]

Weitere Unterschiede zwischen beiden Theorien sind eher theoretischer Natur und in den jeweiligen Schwerpunkten zu erkennen.[144] Geht es beispielsweise um die Theorie und Analyse der Steuerung und Regelung von Systemen, so wird eher die Kybernetik benötigt und herangezogen. Geht es hingegen mehr um die Verhaltenseigenschaften, Kommunikation oder Strukturveränderungen der Systemelemente, wird eher die Systemtheorie herangezogen.[145] Die Unterschiede der Theorien sind dabei eher bezogen auf die Theorietermini und Hypothesen, als in Bezug auf ihren Bedeutungscharakter zu bemessen.

2.7 Soziologische Systemtheorie

Der hier vorgestellte Zweig der Systemtheorie geht im Wesentlichen auf Niklas Luhmann[146] zurück und stellt die soziologische Systemtheorie dar. Kern der Systemtheorie ist, dass Individuen unwichtig/beliebig austauschbar sind und soziales Handeln in Form von *Kommunikation* stattfindet. Kommunikation sorgt dafür, dass ein System (z. B. eine öffentliche Verwaltung) funktionieren und existieren kann.

Damit einher geht das verbundene Systemverständnis als zumindest *operational geschlossenes (sogenanntes autopoietisches) System*, welches zwar

---

[143] Vgl. z. B. Sedlacek, K. – D. (2021), S. 22.
[144] Vgl. Bradel, A. (1995), S. 15.
[145] Vgl. Zapp, W. et al. (2010), S. 55.
[146] Vgl. grundlegend Luhmann, N. (1984).

durch bestimmte Schlüsselreize von außen zugänglich ist, sich jedoch im tiefsten Innern nur selbst weiterentwickeln kann. Es hat also einen gewissen Eigensinn, der nicht von außen steuerbar ist.

Darauf basierend hat sich die sogenannte *systemische Organisationsberatung oder -entwicklung*[147] entwickelt, welche annimmt, dass ein außenstehender Begleiter (z. B. ein Berater oder auch eine Führungskraft[148]) keine optimalen Gestaltungslösungen erzielen und in das System hineingeben kann. Organisationen können lediglich bei der selbstständigen Analyse und Lösung von Problemen unterstützt werden. Der Unterschied zwischen den Einheiten System und Umwelt ist hier sehr wichtig, denn je nach Aufgabe, ist die Führungskraft in ihrer Rolle als Linienmanager oder Veränderungsagent häufig ein Teil der Umwelt. Die Umwelt bietet Möglichkeiten zur Problemlösung, das System selbst jedoch bestimmt, welche dieser Möglichkeiten es annimmt (Selbstreferenzialität). Dies bedeutet, dass Veränderungen oder sonstige Führungsaufgaben mit großer Wahrscheinlichkeit dann gelingen werden, wenn die richtigen Angebote, nämlich solche, die vom System selbst als hilfreich eingestuft werden, dargeboten werden. Letztlich liefert die Führungskraft also ein Menü aus verschiedenen Angeboten zu verschiedenen Themen, von denen das System die für sie passenden auswählt. Exakt diese werden weiter forciert und aufgrund der eigenen Überzeugung der Systemmitglieder mit intrinsischer Motivationskraft umgesetzt.

Die Maßnahmen, die eine Führungskraft als Veränderungs- oder Linienmanager einsetzen kann, um wirksam zu sein, werden im systemischen Kontext *Interventionen* genannt.[149]

Durch die vorstehend erläuterte Konstellation von System und Umwelt oder auch der operationalen Geschlossenheit, in Verbindung mit dessen Selbstreferenzialität, unterscheidet sich die Systemtheorie bzw. die systemtheoretische Betrachtungsweise von organisationalen

---

[147] Vgl. dazu Königswieser, R. / Hillebrand, M. (2004).

[148] Hierzu sei ergänzend erwähnt, dass das Management im Falle des Ansinnens, eine Abteilung oder einen Bereich verändern zu wollen, selbst auch ein Teil der Umwelt, und nicht des Systems, ist.

[149] Vgl. dazu z. B. Migge B. (2007), S. 358.

Abb. 2.5 Die Funktionsweise der nichttrivialen Maschine. (Quelle: Eigene Darstellung in Anlehnung an Groth, T. (1999), S. 34 (zit. nach von Foerster))

Funktionsweisen fundamental von der „klassischen" betriebswirtschaftlichen (u. a. auch sog. mechanistischen Betrachtungsweise)[150], die zahlreichen anderen Veränderungs-, Funktions- und Beratungskonzepten sowie auch wissenschaftlichen Theorien zugrunde liegt. Der systemische Ansatz geht davon aus, dass es zwischen Berater- oder Führungssystem (Umwelt) und Organisation/Mitarbeitern (System) während des Führungsprozesses ein sogenanntes temporär angelegtes *Beratungssystem* gibt, über welches die Führungskraft intervenieren kann.[151]

Durch die operationale Geschlossenheit werden der Veränderungsoptimismus und die Steuerbarkeitsvorstellung von Organisationen verhaltener, denn Führung (Input) kann nicht einfach vorab geplant und im Hinblick auf erwartete Ergebnisse (Output) gesteuert und gelenkt werden.[152]

So funktionieren Systeme eben nicht nach Ursache und Wirkung oder Zwecken und Mitteln, sondern sind sehr viel vielschichtiger, da immer noch eine wertende Komponente des Systems dazwischensteht.[153]

Dieser, sich von der klassischen Kausalitätsvorstellung abwendende Prozess, kann anhand nachfolgender Funktionsweise beschrieben werden und wird auch als nichttrivialen Maschine beschrieben (vgl. Abb. 2.5).

---

[150] Im Kontext der Beratung vgl. dazu die Gegenüberstellung beider Konzepte in Handler, G. (2007), S. 41. Der klassische Ansatz wird auch Expertenberatung oder Strategie- bzw. Managementberatung genannt.
[151] Vgl. dazu vertiefend Zech, R. (2013), S. 97 ff.
[152] Vgl. Kühl, S. (2005), S. 67.
[153] Vgl. Luhmann, N. (2000), S. 26.

Der vorstehenden Abbildung ist zu entnehmen, dass einem Input X nicht nur ein Output Y zugeordnet wird, wie es bei trivialen Maschinen angenommen wird, sondern es bei einem Input X diverse Ergebnisse geben kann, der Output also unvorhersehbar ist.[154] Die Aktionsweise der nicht trivialen Maschine Organisation soll einhellig verdeutlichen, dass eine kausale Steuerungslogik von Führungsmaßnahmen nach der Systemtheorie ausgeschlossen ist.

2.8 Werkzeuge

Ein Zimmermann braucht einen Hammer, ein Maurer braucht eine Kelle und eine Führungskraft braucht Analyse-, Diagnose- und Entscheidungshilfen, um gute Arbeit verrichten zu können.

Führungskräfte sind Handwerker an und in der Organisation. Zur Durchführung von Management- und Leadership-Aufgaben gibt es viele verschiedene Werkzeuge, Methoden, Techniken und Konzepte etc.

Wenn Sie sich fragen, wozu eine Führungskraft Werkzeuge braucht, fragen Sie sich, warum ein Handwerker nicht mit der Hand einen Nagel in die Wand schlägt. Die Antwort ist: weil es Unsinn ist. Etwas differenzierter ausgedrückt: weil es ineffizient ist und weh tut.

In diesem Kapitel werden verschiedene Werkzeugkategorien sowie beliebte Beispiele in Form des Standard-Werkzeugkoffers des Leiters mit und ohne Personalverantwortung vorgestellt.

Das Problem der Wissenschaft und damit auch das Problem der Praxis ist, dass der Markt der Tools sehr breit gefächert ist und insbesondere die Beratungsbranche ständig neue Werkzeuge entwickelt bzw. behauptet, diese entwickelt zu haben. Allerdings handelt es sich bei Neuentwicklungen häufig um alten Wein in neuen Schläuchen und obendrein um Wein, ohne wissenschaftliche Belege.

Wenn wir aber nun einen Blick auf den Werkzeugmarkt werfen (Anmerkung: auch der Name „Werkzeug" ist nicht in der Lage, allgemein zu sagen, was eigentlich gemeint ist, denn es gibt noch so viele

---

[154] Vgl. Groth, T. (1999), S. 35.

ähnliche Begriffe für bestehende: Methoden, Konzepte, Instrumente etc.), müssen wir erkennen, dass eine Strukturierung der bestehenden Instrumente nach einheitlichen Kriterien kaum möglich erscheint. Begriffe wie Tool, Methode, Technik oder Instrument werden inflationär für fast alles, was man so findet und als Führungskraft benutzen kann, verwendet.

Wie bereits erwähnt, gibt es keine allgemeingültige Theorie der verschiedenen Management-Tool-Kategorien.

Bewertungsverfahren finden in unterschiedlichen Bereichen der Wissenschaft und der Wirtschaft statt. Sie dienen in der Regel der systematischen Bewertung von Objekten oder Systemen und unterliegen einer Entscheidungssituation.[155]

Bewertungsverfahren können beispielsweise zur Analyse von Daten- und Informationsmaterial von mehreren unterschiedlichen potenziellen Anbietern oder unterschiedlichen Marktfeldern verwendet werden. Je nach Gebiet werden in der Literatur unterschiedliche Methoden vorgeschlagen.

Grundsätzlich kann zwischen quantitativen und qualitativen Verfahren unterschieden werden. Es gibt auch Ansätze, die eine Kombination beider Verfahrensarten integrieren.[156] Quantitative Prozesse arbeiten meist mit Kennzahlen, die durch prognostizierte oder vorliegende Inputs bestimmt und in Cashflows ermittelt werden. Zugrunde liegende Kennzahlen werden in Geld- oder Zeiteinheiten gemessen und geben vor, einen objektiven Charakter zu haben. In einigen Beurteilungsbereichen haben quantitative Daten diesen objektiven Charakter in einem vollständigen Ausmaß, in anderen werden sie prognostiziert, geschätzt und/oder später vom Anwender beurteilt und diskutiert. Vor dem Hintergrund einer direkt aus dem Rechnungswesen entnommenen Gewinn- oder Verlust-Betrachtung eines oder zweier vergleichbarer Unternehmen beispielsweise, haben wir es mit einer sehr objektiven Analyse zu tun. Hier gibt es mit Ausnahme von falschen Buchungen im Rechnungswesen oder etwas

---

[155] Vgl. Büssow, C. (2004).
[156] Vgl. Wellbrock, W. (2015).

Bilanzkosmetik ein objektives Zahlenmaterial, welches belegt, ob das Unternehmen finanziell erfolgreich war oder nicht. Raum für Interpretationen gibt es zwar im Hinblick auf die Ursachen, nicht jedoch im Hinblick auf das Ergebnis. Ob dies finanziell betrachtet gut oder schlecht ist, darüber kann es in den meisten Fällen (abgesehen davon, dass jemand absichtlich Verlust machen wollte, um Steuern zu sparen) keine zwei Meinungen geben. Und selbst im Falle des Beispiels der Steuern sparen, war das Unternehmen, gemessen an der zentralen Erfolgskennzahl, einfach nicht erfolgreich. Insofern haben quantitative Verfahren (wie hier z. B. die Kennzahlenanalyse zweier Unternehmen im Rahmen eines Controllings oder Jahresabschlusses) häufig objektiveren Charakter.

Für den Fall des Verfahrens der Kostenvergleichsrechnung oder der Kapitalwertmethode als quantitative Instrumente der Investitionsrechnung hingegen, stellt sich die Situation schon anders dar. So spielen hier zahlreiche Input-Modellparameter mit hinein, die, obgleich sie quantitativen Charakters sind, subjektiven Charakter haben. So müssen die Anwender beispielsweise durch sachgerechtes Schätzen, Vergangenheitswerte oder Marktdaten Modellparameter zugrunde legen, die zu einem berechneten Ergebnis führen. Bei quantitativen Verfahren ist der Rechenweg zwar immer objektiv (nachvollziehbar), die Inputvariablen jedoch, sind nicht immer gleichbleibend objektiven und validen Charakters.

Qualitative Bewertungsverfahren wiederum berücksichtigen nicht monetäre Aspekte (z. B. Qualität oder Sicherheit) und kommen zum Einsatz, wenn rein wirtschaftliche Erwägungen keine eindeutigen Ergebnisse liefern oder nicht sinnvoll umsetzbar sind.[157] Berühmte Beispiele aus dem Managementbereich sind die Nutzwertanalyse oder die SWOT-Analyse. Um Qualität zu messen, nutzt die empirische Sozialforschung beispielsweise quantitative Verfahren wie eine standardisierte Befragung, welche die Qualitätsvariable auf der Basis der subjektiven Einschätzungen der befragten Probanden misst. So ist das, was als Instrument quantitativ oder qualitativ ist, und auch das, was als

---

[157] Vgl. Koch, S. (2015).

Tab. 2.2 Vierfelder-Matrix quantitative und qualitative Instrumente und zu messende Variablen

1-Qualitatives Instrument	Beispiel/e	2-Quantitatives Instrument	Beispiel/e
3-Misst quantitative Variable	1–3: Nutzwertanalyse misst Vorteilhaftigkeit einer Investition anhand von finanziellen und nichtfinanziellen Kriterien	4: Misst qualitative Variable	2–4: Fragebogen misst Qualität
5-Misst qualitative Variable	1–5: Szenarioanalyse beurteilt Zukunftsszenarien des Unternehmens	6: Misst quantitative Variable	2–6: Kapitalwertmethode misst finanzielle Vorteilhaftigkeit einer Investition

Quelle: Eigene Darstellung

Instrument quantitativ oder qualitativ misst, nicht dasselbe. Vielmehr kann es grundsätzlich im Rahmen einer Vierfelder-Matrix alle denkbaren Szenarien geben, bei denen ein Instrument eine jeweils zu messende Variable misst (vgl. Tab. 2.2).

Da es im Bewertungs- und Analysekontext so viele unterschiedliche Begriffe gibt, ist es zunächst notwendig, die verschiedenen Begriffe zu definieren und voneinander abzugrenzen. Relevante Begriffe sind im Führungskontext Werkzeug, Instrument, Technik, Methode, Methodik, Ansatz und Konzept.

Die erste Unterscheidung ist, ob ein Verfahren im Lichte der (empirischen) Forschung oder der Unternehmensführung eingesetzt wird. So sind beispielsweise Forschungsinstrumente und Managementinstrumente nicht immer gleich und vor allem nicht dasselbe. Die Managementwissenschaften hingegen müssen in diesem Zusammenhang sowohl ihre eigene Disziplin und dazugehörige Verfahren als auch die Verfahren der anderen wissenschaftlichen Welten nutzen. Da eine Führungskraft ein Forscher in seiner Organisation ist, sind sowohl Perspektiven als auch Ressourcen aus der empirischen Forschung für den Führungsalltag wichtig. Die weiteren Unterscheidungen und

Gemeinsamkeiten der Begrifflichkeiten sind inhaltlicher und nicht disziplinärer Natur. Sie werden nachfolgend vorgestellt.

Werkzeug
Vor dem Hintergrund der empirischen Sozialwissenschaften ist ein Werkzeug ein strukturiertes Vorgehen, das auf ein definiertes Ziel ausgerichtet ist. Ein Beispiel kann die Erhebung oder Analyse empirischer Daten durch z. B. Fragebögen, Interviews, Korrelations- oder Regressionsanalysen etc. sein. Ein Werkzeug und ein Instrument sind dabei in den Sozialwissenschaften Synonyme.[158]

Die Managementliteratur hingegen konkretisiert und definiert die Terminologie viel gröber. Werkzeuge sind daher alles, was die Durchführung von Aktivitäten oder Aktionen unterstützen kann.[159] Sie sind damit vor allem nicht abschließend definiert. In der empirischen Sozialforschung sind sie es hingegen schon. So sind beispielsweise sowohl die Datenerhebungstechniken (Beobachtung, Befragung und Inhaltsanalyse) als auch die statistischen Werkzeuge (beispielsweise der deskriptiven und inferenzstatistischen Statistik) abschließend bekannt und definiert.

Im Führungskontext ist der Markt der Instrumente folglich durch seinen nicht abschließend beschreibbaren Charakter sehr heterogen. Im Sinne des Wissensmanagements können Werkzeuge beispielsweise Datensuchmaschinen oder Datenmodellierungs- und Visualisierungstechniken sein[160], während sie im Projektmanagement z. B. von einem Projektstrukturplan, über Kennzahlen bis zur Projektbudgetierung sehr verschiedene Facetten aufbieten.[161] Allgemeine Führungsinstrumente sind beispielsweise Vorstellungsgespräche, die Erfolgsmessung oder Controllingberichte.[162]

---

[158] Vgl. Rampino, L. / Colombo, S. (2012), S. 89.
[159] Vgl. Ruggles, R. L. (1997), S. 2.
[160] Vgl. Ruggles, R. L. (1997), S. 3.
[161] Vgl. Carstens, D. / Richardson, G. (2020).
[162] Vgl. Malik, F. (2013), S. 85 ff.

Wie in der empirischen Sozialforschung, werden Werkzeuge und Instrumente (zusätzlich auch Techniken) im Führungskontext synonym betrachtet.[163]

Methode
Der Begriff Methode umfasst ein breites Bedeutungsspektrum, das von einem ersten Ansatz bis zur synonymen Verwendung mit Werkzeugen reicht. Sie ist somit eine Überschrift für jedes Medium oder Verfahren, Vorgehen oder Methodik, mit dem formal strukturierte Wege des Erkenntnis- und Handlungsgewinns beschritten werden.[164]

Methodik
Die Methodik ist die verwendete Forschungsstrategie in Form eines Aktions- und Methodenplans, die in einer wissenschaftlichen Arbeit oder einem Konzept verwendet wird. Einfach gesagt könnten wir z. B. sagen:

- es ist die Beschreibung sowie
- Struktur und Strategie

der Methoden, die in einem bestimmten Forschungsobjekt oder Konzept verwendet werden.[165] Ein Beispiel könnte die Durchführung eines Experiments sein, das auf dem Testen hypothetisch-deduktiver Forschungshypothesen und einer Datenerhebung durch Beobachtungen und eine Umfrage basiert.

Der Begriff Methodik wird hauptsächlich im wissenschaftlichen Forschungskontext verwendet, er fließt jedoch auch in die Managementkonzepte, Berichte etc. ein und wird im Führungskontext verwendet.[166]

---

[163] Vgl. z. B. Carstens, D. / Richardson, G. (2020), S. 4; 16; 459; vgl. a. Tayntor, C.B. (2010), S. 17; 120.
[164] Vgl. Rampino, L. / Colombo, S. (2012), S. 89.
[165] Vgl. ebenda, S. 87.
[166] So z. B. bei Malik, F. (2019), S. 317; 319; 321.

Auch wenn Methodik und Methodologie im Duden sowie in der Managementpraxis als Synonyme bezeichnet werden, so sind es diese von einem wissenschaftlichen Standpunkt her nicht. Methodologie bezeichnet aus dem wissenschaftlichen Bedeutungsgehalt heraus nicht wie die verwendete Forschungsstrategie in Form eines Aktions- und Methodenplans, sondern die Theorie bzw. Lehre von den wissenschaftlichen Methoden. So gehören zur Methodologie beispielsweise Antworten auf Fragen, welche Methode für bestimmte Anwendungen geeignet ist und angewandt werden sollte, oder wieso eine bestimmte Methode angewendet wird und keine andere.[167] Die Methodologie ist ein Teil der Wissenschaftstheorie und stellt die Methodenlehre zur richtigen Vorgehensweise dar. Sie ist Teilgebiet der Logik.[168]

Ansatz
Der Begriff Ansatz (Untersuchungsansatz, Forschungsansatz etc.) stammt aus der wissenschaftlichen Forschung und kann als Beschreibung der grundlegenden Denkweise definiert werden, nach welcher der Forschungsplan ausgeführt werden soll. Gemeint ist damit nicht selten das grundlegende Paradigma. Dem zugrunde liegend, speist sich die Begrifflichkeit des Ansatzes durch die Art der Forschung in Form des qualitativen oder quantitativen (Ansatzes) oder beispielsweise durch die Wahl des deduktiven oder induktiven/explorativen Ansatzes. Im letzteren Fall bezieht sich der Ansatz auf eine methodologische Grundfrage. Die Entscheidung für einen Ansatz basiert auf philosophischen Grundlagen wie Ontologie und Erkenntnistheorie, bevor später einmal die geeignete wissenschaftliche oder führungspraktische Methodik als Ausprägung der Methodologie folgt.[169]

Da Manager und Führungskräfte im Grunde Forscher in und rundum ihre/r Organisation sind, indem sie Hypothesen am Tagesgeschäft testen, ist dieser Begriff und seine Definition auch für den zugrunde liegenden Management- und Führungskontext wichtig.

---

[167] Vgl. Halbmayer, E. (2010).
[168] Vgl. Abu-Shuair, M. (2013), S. 56 f.
[169] Vgl. Rampino, L. / Colombo, S. (2012), S. 85 f.

Die zuvor erläuterten Begriffe meinen nicht nur andere Gegenstände des formalen Forschungs- und Analyseprozesses, sie finden auch auf unterschiedlichen Ebenen des Erkenntnis- und Handlungsprozesses ihren Platz. Um dem Leser einen besseren Überblick zu geben, habe ich sie in der folgenden Tabelle zusammengefasst (Tab. 2.3).

Konzept
Schließlich gibt es noch ein Wort, das in Wissenschaft und Praxis sehr weit verbreitet ist: der Begriff Konzept. Es wird sowohl für abstrakte Ideen und Grundlagen als auch für konkrete Pläne oder Maßnahmen verwendet. Da eine gemeinsame Definition im akademischen Kontext schwer zu finden ist, kann hier die Semantik helfen:

- *„eine allgemeine Vorstellung oder Idee; Konzeption.*
- *eine Idee von etwas, die durch die gedankliche Kombination aller ihrer Eigenschaften oder Einzelheiten entsteht, ein Konstrukt.*
- *ein direkt gedachtes oder angeschautes Denkobjekt."*[170]

Entsprechend dem Bedeutungsgehalt des Begriffs Konzept als Assoziation oder gedachter Inhalt, ist die eigene Erfahrung, dass der

Tab. 2.3 Zusammenfassung der Begriffe und dazugehörige Bedeutungen

Ebene	Beschreibung	Genaue Definition
1	Logik der Forschung, theoretische Vorgehensweise	Methodologie
2	Art der Forschung	Ansatz
3	Forschungskonzept/-strategie	Methodik
4	Kodifizierte Forschungsmethode	Methode
5	Spezifische Hilfsmittel/Verfahren	Werkzeuge (Tools), Instrumente, Techniken

Quelle: Eigene Darstellung in Anlehnung an Rampino, L. / Colombo, S. (2012), S. 90

---

[170] Dictionary, concept (2021).

Begriff im Kontext von Managementmedien und -verfahren häufig auch dann verwendet wird, wenn deren Funktionslogik in den Fokus gerückt werden soll. Zum Beispiel besteht die Funktionslogik eines Mitarbeitergesprächs u. a. darin, Ziele zu verhandeln. Die Funktionslogik einer Korrelationsanalyse besteht hingegen darin, den (ungerichteten) Zusammenhang zwischen zwei Messgrößen zu berechnen.

3

Führung in der öffentlichen Praxis – worauf kommt es an?

Führungsaufgaben benötigen eine theoretische Grundlage. Das Universum von Theorien ist breit, eine geeignete Basis von Ursache-Wirkungs-Zusammenhängen und Aufgaben hat das Kap. 1 bereitgestellt.

In der praktischen Arbeit benötigen Führungskräfte Werkzeuge, um ihren Verantwortungsbereich wirksam zu machen. Geeignete Werkzeuge aus dem Standard-Werkzeugkasten hat das Kap. 2 vorgestellt.

Nun soll es im Kap. 3 darum gehen, das darzustellen, worauf es in der Praxis ankommt. Eine Verknüpfung mit dem beiden vorstehenden Kapiteln bildet dabei den Theorie-Praxis-Transfer.

3.1 Aufgaben und Rollen der Führungskraft

Fredmund Malik, einer der bedeutsamsten Managementdenker reduziert die universellen Kernaufgaben einer Führungskraft auf fünf Parameter (vgl. Abb. 3.1).

Malik macht in seinen Führungslehren keinen Unterschied zwischen Leadership und Management. Bis auf Kernaufgabe 5 gelten die vorstehenden Parameter jedoch für Leader und Manager.

Abb. 3.1 Aufgaben einer Führungskraft nach Malik. (Quelle: Eigene Darstellung in Anlehnung an Malik, F. (2019), S. 169 ff.)

Es geht bei diesen Aufgaben darum, was Führungskräfte tun müssen, um Sachaufgaben ihres Verantwortungsbereichs wirksam zu machen.[1] Damit stellen die fünf universellen Kernaufgaben die unabhängigen Variablen (= Einflussfaktoren) des Führungserfolgs dar.

Für Ziele sorgen:
Es ist wichtig, den Menschen eine Richtung und dem Handeln in der Organisation damit einen Kontext zu geben. Ohne Ziele, können Erfolg oder Misserfolg nicht festgemacht werden. Der einzige Grund, warum man auch ohne fixierte und kommunizierte Ziele die Leistung und die Ergebnisse einer Person beurteilen kann, ist, weil es subjektive Beurteilungsmaßstäbe beim Beurteilenden gibt. Dies sind Ziele.

---

[1] Vgl. Malik, F. (2019), S. 169.

Es macht jedoch wenig Sinn, solche Maßstäbe für sich zu behalten. Gerade vor dem Hintergrund, dass sich die Mitarbeiter daran orientieren wollen, gelingt die Zielerreichung besser, wenn Ziele offen kommuniziert und transparent gemacht werden.

Im besten Fall sollten Ziele eines Fachbereichs in den Kontext von strategischen der gesamten Organisation eingebunden sein. Wenn dies jedoch aufgrund fehlender strategischer Ziele nicht möglich ist, sollte eine Fachbereichsleitung für seinen Fachbereich dennoch Ziele festlegen. Diese können input- oder ergebnisorientiert sein. Ferner können sie finanzbezogen oder sachbezogen sein.

Ein Grundsatz sollte sein, wenige, dafür aber anspruchsvolle Ziele zu setzen. Eine Empfehlung für die Praxis ist daher, nicht zu versuchen, alle Arbeitsplätze mit Zielen zu überziehen. Für einen Fachbereichsleiter im Fachbereich Zentrale Dienste einer Kommune könnte das beispielsweise bedeuten, dass er ein Ergebnisziel für seine Personalabteilung setzt, dass ab der Vakanzmeldung bis zur Besetzung einer Stelle (sog. „Time-to-hire-Kennzahl") nicht mehr als drei Monate vergehen dürfen. Derselbe Fachbereichsleiter ist auch für die Hausmeister, die Reinigungskräfte und den Fuhrpark zuständig. Da es hier jedoch wenig sinnvolle Ziele gibt, überlegt er sich, hier keine Ziele zu definieren, die die Arbeitsplätze der Mitarbeiter in diesen Bereichen betreffen.

Vielmehr wäre es möglich dem Handeln dieser Mitarbeiter dadurch eine Richtung zu verleihen, dass einige wesentliche Grundsätze als Maßstäbe an das Handeln im Fachbereich gelegt werden. So wird beispielsweise im gesamten Fachbereich der Dienstleistungscharakter großgeschrieben, da alle Aufgaben des Fachbereichs Zentrale Dienste als Querschnittsaufgaben Dienstleistungen für die anderen Fachbereiche und die Mitarbeiter der Kommune sind.

Aus solchen Grundsätzen und der Fokussierung auf diese Grundsätze durch ständige Kommunikation mit den Mitarbeitern, ergibt sich für alle handelnden Personen im Fachbereich Zentrale Dienste, dass sie ihre Arbeit in den Kontext eines zufriedenen Kunden stellen können.

Durch einen solchen Grundsatz hat der Fachbereichsleiter einen weiteren, allgemeineren Bezugspunkt gesetzt, auf welchen er sich bei seiner Ressourcensteuerung beziehen kann.

Organisieren
Das Wort Organisation hat im Kontext der Sozial- und Wirtschaftswissenschaften zwei Wortbedeutungen auf zwei verschiedenen Ebenen:

- Funktionale (auch prozessuale) Organisation: der Prozess des Organisierens mit allen Techniken und Praktiken
  - Leitsatz: die Behörde/das Unternehmen/... organisiert sich
- Institutionelle Organisation: das System als soziales Gebilde
  - Leitsatz: die Behörde/das Unternehmen/... ist eine Organisation
- Instrumentelle Organisation: eine Führungsaufgabe, die wahrgenommen werden muss, um Leistung zu erreichen
  - Leitsatz: die Behörde/das Unternehmen/... hat eine Organisation[2]

Im Rahmen der Aufgaben einer Führungskraft geht es um die funktionale und die instrumentelle Organisation.

Je nach Führungsverständnis (vgl. insb. Abschn. 2.6), hat der geordnete Rahmen, in dem sich das Tagesgeschäft abspielt, eine Schlüsselrolle. Stellen Sie vor, es wäre nichts geregelt. Was glauben Sie, wer den ganzen Tag alles organisieren müsste? Exakt: die Führungskraft. Aus diesem Grund ist es wichtig, dass Führungskräfte das Gehäuse vorgeben. Dieses erleichtert ihnen die Arbeit und sorgt dafür, dass die Arbeit personenunabhängiger und vor allem führungsunabhängiger realisiert werden kann. Ein ausgeglichener Zustand ist nur dann möglich, wenn jemand den Rahmen und die Richtung vorgegeben hat.

Die Relevanz des geordneten Rahmens geht sogar so weit, dass es möglich ist, mit einer guten Organisation, schlechte Arbeitsleistung auszugleichen Welches Ausmaß an guten Arbeitsergebnissen der organisatorische Rahmen mit seinen Spielregeln und Prozessen hat, verdeutlicht das nachfolgende Beispiel eindrücklich.

---

[2] Vgl. Laske, S. / Meister-Scheytt, C. / Küpers, W. (2006), S. 13 ff.; Anders: Frodl, A. (2011), S. 23.

So sind Hochschulen beispielsweise Systeme mit klugen Menschen und einer „dummen Organisation". Aufgrund hoher Eigenständigkeit des Lehrpersonals, gibt es häufig keine effizienten Prozesse und zahlreiche Parallelstrukturen. Institutionen wie Hochschulen, Schulen (hier sind die Lehrer dasselbe wie das Lehrpersonal an der Hochschule) oder Krankenhäuser (hier sind die Ärzte dasselbe wie das Lehrpersonal in der Hochschule) kennt die Organisationsforschung als sogenannte Expertenorganisation[3] oder Professional Bureaucracy (zu Deutsch: professionelle Bürokratie/Expertokratie/Profiorganisation).[4] Die Leistungserbringung wird hier nahezu ausschließlich über die Qualifikationen des Personals erbracht.

Neben Systemen mit klugen Menschen und einer dummen Organisation gibt es als starken Kontrast beispielsweise Systeme einer klugen Organisation, die darauf ausgerichtet sein müssen, auch weniger kluge Menschen oder auch eine große Vielzahl von unterschiedlichen Meinungen zu kompensieren. Ein Beispiel ist ein politisches System (Eigenschaft: „man kommt fast immer zum Ergebnis").[5]

In Bezug auf die funktionale und instrumentelle Organisation soll es nicht darum gehen, jeden Handschlag zu organisieren, sondern die wesentlichen Prozesse festzulegen, Verantwortlichkeiten und Rollen zu klären und einige Grundsätze in Bezug auf das Handeln vorzugeben. Es geht ausdrücklich nicht um das Mikromanagement mit übertriebener Detailorientierung.

Entscheiden
Die Vorarbeit kann noch so gut sein, wenn Verantwortliche keine Entscheidungen treffen, erlebt das Umfeld Stillstand. Es kann keine guten Arbeitsergebnisse geben, wenn Entscheidungen ausbleiben.

---

[3] Vgl. Suwalski, P. (2020), S. 48 ff.
[4] Vgl. Mintzberg, H. (1979).
[5] Dessen Schwächen unbestritten die politischen Machtkämpfe und Spiele sind und für die auch die hier zitierte Organisationsforschung nur eine Beschreibung der Funktionsweise inklusive der darin enthaltenen Probleme bereithält. Vgl. dazu z. B. Mintzberg (1985), S. 139ff.

Wichtig ist jedoch in diesem Zusammenhang, dass Führungskräfte nicht immer und alles sofort entscheiden müssen. Entscheidungen sollten fundiert vorbereitet worden sein, um den Grad der Unsicherheit einer Entscheidung zu reduzieren. Insbesondere wenn eine Entscheidung völliges Neuland darstellt, vergleichbare Entscheidungen in der Vergangenheit folglich nicht vorliegen, sollten ausreichend Alternativen erhoben werden und Entscheidungen auch mit anderen Führungs- oder Fachkräften besprochen werden. Dies steigert den Kontrastreichtum und sorgt durch ausreichende Reflexion vor überstürzten (Fehl-)Entscheidungen.

Kontrollieren
Da die Kernaufgabe von Leadern und Managern die Erzielung von guten Arbeitsergebnissen darstellt, braucht es Kontrolle, um die Zielerreichung zu messen.

Wer die Sicherstellung von Effektivität und Effizienz beurteilen möchte, muss also kontrollieren. Kontrolle ist häufig negativ konnotiert. Dies liegt jedoch mehr an der Art wie kontrolliert wird, als an der Kontrolle an sich. Kontrolle sollte auf der Grundlage von positiver konnotierten Substantiven, wie beispielsweise Freiraum und Eigenverantwortung, aufbauen.

So können Arbeitsergebnisse einerseits durch systematische Jour fixes innerhalb und außerhalb von Projekten stattfinden. Durch eigene Erfahrungen und Beobachtungen liegt hier die größte Brisanz. Viele Verantwortliche scheuen sich davor und lassen bei Arbeitsaufgaben zu viel Freiraum. Die Systematik der Kontrolle sollte im Rahmen von Aufgaben, die keine Routineaufgaben darstellen (z. B. Projekte oder größere konzeptionelle Aufgaben) sehr engmaschig stattfinden, um die Kontrollzyklen dazu verwenden zu können, steuernd tätig zu werden. Auf der Grundlage zu breiter systematischer Kommunikationszyklen zur Kontrolle von Arbeitsergebnissen nehmen Sie sich selbst den Raum des konstruktiven Steuerns.

Mit einer systematischen (z. B. wöchentlichen oder 14-tägigen) Kommunikationsroutine bei komplexeren Arbeitsaufträgen lässt sich auch das eigene Interesse von Führungskräften an den Aufgaben der Mitarbeiter sehr gut verzahnen.

Neben systematischen Jour fixes können Einzelstichproben genommen werden. Dies geht sowohl über geeignete Indikatoren, wie z. B. Umsatzzahlen, Arbeitsstunden, Fallzahlen in einer Fachsoftware oder einem Ticketsystem, Antwortverhalten auf E-Mails etc.

Sowohl Einzelstichproben als auch Jour fixes eignen sich grundsätzlich für Routine- als auch Nichtroutineaufgaben. Eine Grundtendenz geht jedoch in die Richtung, dass Stichproben bei Routineaufgaben und Jour fixes bei Nichtroutineaufgaben besser geeignet sind.

Die Kontrollaufgabe lässt sich nahezu perfekt und wertschätzend mit einer hohen Eigenverantwortung und Selbstständigkeit kombinieren. Zugunsten der Arbeitsmotivation der Mitarbeiter ist es wichtig, dass sich Führungskräfte im Rahmen ihrer Kontrollaufgabe dort, wo es möglich ist, weniger auf den Input und den Weg zum Ergebnis (sog. Konditionalprogrammierung) als auf das Arbeitsergebnis selbst (sog. Zweckprogrammierung)[6] fokussieren.

Menschen entwickeln und fördern
Bei allen fortschreitend zugänglichen Potenzialen für die Digitalisierung brauchen Organisationen Menschen.

Insbesondere für die Wahrnehmung von Aufgaben, die mit hoher Flexibilität, sozialer Interaktion und Erfahrungswissen einhergehen sind nicht ex ante explizier- und algorithmisierbar.[7] So sind beispielsweise soziale Berufe, immaterielle Beratungsaufgaben oder auch die Aufgaben einer Führungskraft weniger für derartige Rationalisierungen zugänglich. Vor allem aber nimmt der Anteil an individuellen Problemlösungsaufgaben durch die Automatisierung zu. Diese Aufgabe ist nämlich immer dann notwendig, wenn die digitalen Systeme nicht funktionieren und Ad-hoc-Lösungen durch Menschen gefordert sind.[8]

Wer also als Manager oder Führungskraft für die Arbeitsergebnisse verantwortlich ist, muss sich Gedanken darum machen, wie dies am besten gelingt. Eine Gestaltungsvariable ist dabei die Entwicklung

---

[6] Zur Zweck- und Konditionalprogrammierung vgl. vertiefend Luhmann, N. (2000), S. 260 ff.
[7] Vgl. Hirsch-Kreinsen, H. / Ittermann, P. (2019), S. 35.
[8] Vgl. ebenda.

von Mitarbeitern. Dabei ist es wichtig, die Stärken herauszufinden und diese zu fördern. Was die Schwächen angeht, müssen diese nicht per se beseitigt oder reduziert werden. Vielmehr können Führungskräfte auch darüber nachdenken, Menschen so einzusetzen, dass ihre Schwächen irrelevant sind. Während eine Person in der Buchhaltung unbestritten zahlenaffin sein muss, wäre bei hier vorliegenden Schwächen vermutlich von einem Einsatz im Finanzbereich abzuraten. Hier würde vermutlich auch ein Einsatz inklusive Entwicklungsmaßnahmen wenig zielführend sein, da es sich bei der Zahlenaffinität um eine Kernkompetenz handelt. Dieselbe Schwäche wäre hingegen im Einwohnermeldeamt oder im Bauamt weniger relevant. Je nach Ausmaß könnte durch Qualifikationen an ihr gearbeitet werden, während die Stärken der Person, wie beispielsweise juristische Fachkompetenz oder Kundenfreundlichkeit, voll zum Einsatz kämen.

3.2 Der Nutzen von Führungsstilen

Führungsstile verkörpern verschiedene Idealformen der Führung sowie die dazugehörigen Eigenschaften für Führungskräfte. Der propagierte Nutzen ist die Bereitstellung eines pragmatischen Handlungskonzepts für Führungskräfte, um optimale Führungsverhaltensweisen im Hinblick auf verschiedene Erfolgskriterien (z. B. Produktivität, Effizienz, Effektivität, Arbeitszufriedenheit, Mitarbeitermotivation etc.) zu erzielen. Die zentrale Annahme des Führungsstilparadigmas ist, dass das Verhalten einer Führungskraft die entscheidende Determinante für die relevanten Erfolgskriterien ist.[9]

Sie sollten evidenzbasiert sein, ihre Grundlage muss sich also wissenschaftlich belegen lassen. Damit unterscheiden sich so einige „Mainstream-Ansätze", die durch die Führungsetagen geistern, von dem, was die Führungsforschung guten Gewissens empfehlen kann.

Beispiele für evidenzbasiert Führungsstile sind die klassischen Führungsstile (autoritär bis laissez faire), die tradierenden oder

---

[9] Vgl. Schreyögg, G. / Koch, J. (2020), S. 418 f.

traditionellen Führungsstile (patriarchalisch bis bürokratisch) sowie charakteristischen Führungsstile (Managerial-Grid-Modell oder Likert-Modell).[10] Auch hier unterscheidet die Führungsforschung zwischen der positiven (auch deskriptiven) Wissenschaft (wie Führung in der realen Welt ist und empirisch gemessen wird) und der normativen Wissenschaft (in der Führungsdiskussion primär als normative Ethiken bezeichnet; wie Führung in der realen Welt sein sollte, um in Bezug auf verschiedene Dimensionen wirksam zu sein). Die normative Wissenschaft baut dabei auf der positiven Wissenschaft auf und entwickelt auf deren Grundlage Handlungsziele für „gute Führung".[11]

In Führungsstilen steckt sowohl die Rolle des Leadership als auch die Rolle des Managements. Auch hier verschwimmen beide Begrifflichkeiten wieder. So findet sich unter der Überschrift Führung sowohl Leadership als auch Management. Beim genauen Hinsehen und Vergleich mit dem vorangegangenen Kapiteln ist dieser begriffliche Rahmen jedoch konsistent mit der Weltanschauung dieses Buches.

Mit Blick auf die Führungsstile im Speziellen gilt es zu sagen, dass Führung niemals perfekt sein kann, dies gilt sowohl für Mitarbeiterführung als auch für Management, das immer auch von individueller Hand ausgeht. Richtig verstanden und umgesetzt dienen Führungsstile daher weniger dem „Abkupfern" der verschriftlichten normativen Anforderungen aus einem Führungsstil als vielmehr der Berücksichtigung einiger Grundsätze und Tendenzen, die in den Führungsstilen enthalten sind. Die Betonung liegt hier auf dem Wort „einiger", denn die Reinform eines Führungsstils kann unmöglich die Richtschnur für eine Führungskraft im echten Leben sein. Und, dies sei ergänzt, dafür sind Führungsstile auch nicht entwickelt worden. Sie sind stets ein Modell und stellen gemäß ihrer Modelleigenschaft ein

---

[10] Vgl. z.B. Klaußner, A. (2009), S. 34 ff.
[11] *„Zwischen Erfahrungswissenschaften und normativen Ethiken bestehen also aus erkenntnistheoretischer Sicht fundamentale Unterschiede. Trotzdem gibt es einen wichtigen Berührungspunkt: Erfolgreiche erfahrungswissenschaftliche Theorien vergrößern in der Regel den Handlungsspielraum und werfen damit die Frage auf, welche dadurch ermöglichten Handlungsziele angestrebt werden sollen und welche nicht. Die Antwort auf diese Frage kann eine Erfahrungswissenschaft aber nicht geben. Eine Antwort kann nur eine Ethik geben, aus der sich Handlungsziele ableiten lassen."* (Maurer, R. (2019), S. 8).

vereinfachtes Abbild der Realität dar. Damit sind sie sowohl ein vereinfachtes Abbild dessen, was in der Realität in Bezug auf Führungsstile empirisch erhoben wurde und haben die Aufgabe, die darin enthaltenen Elemente in Bezug auf deren Vor- und Nachteile für Führungserfolg vorzustellen.

Nach der Erfahrung des Autors ist es am hilfreichsten, den Umkehrschluss als Richtschnur für praktikable Essenzen aus Führungsstilen zu verfolgen. Vorhandene Führungsstile liefern Ihnen die besten Rezepte, um zu erfahren, was eine schlechte Führungskraft ausmacht. So stecken in ihnen zahlreiche Grundsätze und Maßnahmen, die dazu geeignet sind, die Reinform einer schlechten Führungskraft (besser: einer Führungskraft, deren Verhalten zu negativen Folgen für Mensch und Organisation führt) zu verkörpern.

Wenn man sich als Führungskraft daran spiegelt und versucht, genau diese schlechten Eigenschaften nicht zu verkörpern, ist man stets auf einem guten Weg die Dinge richtig und auch die richtigen Dinge zu tun.

Die Reinform einer schlechten Führungskraft sieht auf der Grundlage vorhandener Führungsstile, Beobachtungen in Organisationen sowie eigener Führungserfahrung des Autors wie folgt aus:

- Nicht kommunizieren
- Nicht entscheiden
- Nicht erreichbar sein
- Ankündigungen nicht einhalten
- Nach oben „kriechen" und nach unten „treten"
- Sich nicht für die Mitarbeiter interessieren
- Sich nicht für die Aufgaben der Mitarbeiter interessieren
- Bei guten Leistungen nicht loben
- Minderleister nicht tadeln
- Alle Mitarbeiter völlig gleich zu behandeln
- Entscheidungen treffen, ohne die Beweggründe transparent zu machen
- Arbeitsaufträge definieren, deren Sinn nicht erklärt werden kann
- Sonderregelungen für einzelne Personen (inklusive sich selbst) vorzubehalten

- Arbeitsergebnisse anderer als eigene Ergebnisse verkaufen
- Etwas gegenüber Dritten versprechen, das Mitarbeiter nicht umsetzen können
- Anfragen der Belegschaft nicht beantworten
- Über die Hierarchie, anstatt die besseren Argumente zu führen

Die Auswahl ist selbstverständlich nicht abschließend und einige Eigenschaften überlappen einander moderat. Jedoch gebe ich Ihnen eine Garantie, dass diejenigen unter Ihnen, die diese Eigenschaften als Führungskraft verkörpern würden, sich sehr schnell sehr unbeliebt bei den Geführten machen und Sie es schafften Ihre Organisation sehr schnell in den Misserfolg zu führen. Sie sind herzlich eingeladen, es einmal auszuprobieren.

Versuchen Sie als Führungskraft also nicht perfekt zu sein, sondern einige wesentliche (vorstehend aufgeführte) Dinge nicht zu tun. Das, was Sie hingegen tun sollten, behandelt das nachfolgende Kapitel.

3.3 Erfolg durch Arbeitszufriedenheit

Zunächst gilt es, die beiden Begriffe Arbeitszufriedenheit und Arbeitsmotivation vorzustellen und auseinanderzuhalten. Diese werden zumindest in der Praxis häufig eng zusammen oder auch synonym verwendet.

Arbeitszufriedenheit (in diesem Buch nach dem Mainstream der Literatur synonym mit der Arbeitszufriedenheit verstanden) ist eine multidimensionale Reaktion auf eine Aktivität. Es ist eine Einstellung zu einer bestimmten Arbeitstätigkeit.[12]

Arbeitszufriedenheit bezieht sich auf die kognitive Sichtweise einer Person. Arbeitszufriedenheit ist eine Reaktion auf die Bewertung einer Tätigkeit und die affektiven Erfahrungen einer Tätigkeit nach den Dimensionen zufrieden bis unzufrieden. Dabei ist der Begriff Arbeitszufriedenheit nicht grundsätzlich positiv konnotiert, sondern bipolar

---

[12] Vgl. Liebig, C. (2007), S. 27.

zwischen den beiden gegensätzlichen Polen zufrieden oder unzufrieden verortet. Eine hohe Arbeitszufriedenheit wird als angenehmer, positiver Zustand beschrieben, der sich aus der individuellen Bewertung der jeweiligen Tätigkeit ergibt. Entsprechend wird eine geringe Arbeitszufriedenheit als unangenehmer – affektiv negativer – Zustand charakterisiert. Arbeitszufriedenheit hat einen rückwärtsgewandten Charakter; die Beurteilung bezieht sich auf vergangene (streng genommen bis zur Gegenwart reichende) Umstände. Arbeitszufriedenheit ist auch ein relationaler Begriff, der eine Abwägung einer Situationswahrnehmung vor dem Hintergrund einer bestimmten Beziehung zur bewerteten Situation ausdrückt.[13]

An dieser Stelle erscheint ein kleiner Exkurs angebracht. So wird eine weitere, neuere beobachtete und analysierte Variable in diesem Zusammenhang als „Happiness at Work" genannt. Arbeitszufriedenheit und Happiness/Glück müssen voneinander abgegrenzt werden. Wie in der folgenden Gegenüberstellung beider Variablen deutlich wird, dürften häufiger auftretende Glückszustände bessere Indikatoren für eine gesunde Organisation und für nachhaltigen Organisationserfolg sein als Arbeitszufriedenheit. Das Problem in der Literatur ist, dass beide Begrifflichkeiten auch synonyme Verwendung finden,[14] was wiederum eine trennscharfe Zuordnung von gemessenen Effekten des jeweiligen Begriffs erschwert.

Im Arbeitskontext wird Glück eher als positiver emotionaler Zustand verstanden, der aus intrinsisch motiviertem, aktivem und selbstbestimmtem Verhalten entsteht. Im Gegensatz dazu wird Arbeitszufriedenheit als Einheitszustand mit Kompromisscharakter beschrieben. Arbeitszufriedenheit ergibt sich zum einen aus der Bewertung einer Situation und zum anderen aus äußeren Umständen, wie z. B. den erwarteten lohnenden extrinsisch motivierten Tätigkeiten (z. B. Gehalt).[15]

---

[13] Vgl. ebenda.
[14] Vgl. Kortsch, T. / Rehwaldt, R. (2021), S. 2
[15] Vgl. Rehwaldt, R. (2017), S. 83 ff.

Wie zuvor beschrieben, kann Arbeitszufriedenheit als bewertende Haltung bzw. Einschätzung der Arbeitssituation bzw. einzelner Facetten dieser Arbeitssituation verstanden werden. Sie ist somit das Ergebnis eines Abgleichs der individuellen Erwartungen (Soll) mit der gegebenen Arbeitssituation (Ist).[16]

Zufriedenheit kann aber auch empfunden werden, wenn sich der Mitarbeiter in einem Zustand der Entspannung oder Langeweile befindet. Auch in prekären Arbeitssituationen geben die Beschäftigten im Allgemeinen an, zufrieden zu sein. Dies liegt wohl daran, dass bei Unzufriedenheit das Erwartungsniveau so weit heruntergeschraubt wird, dass die Einschätzung der Arbeitssituation noch als zufriedenstellend empfunden wird („es könnte schlimmer sein").

Aus den vorgenannten Gründen ist Arbeitszufriedenheit nicht immer der „richtige" Indikator für eine gute Ausgangslage in Sachen Performance.

Im Gegenzug zu Arbeitszufriedenheit wird „Glück" als „subjektives" Wohlbefinden „bei der Arbeit" definiert. Es kann primär durch intrinsische Faktoren hervorgerufen werden und stellt einen Idealzustand dar, in dem die Erwartungen des Mitarbeiters sogar übertroffen werden könnten.[17] Glück ist nicht statisch, sondern dynamisch und daher kein Dauerzustand oder vielmehr ein „Auf und Ab".

Abschließend muss noch der Begriff der *Arbeitsmotivation* erklärt werden. In diesem Zusammenhang spielen vor allem Motive bzw. die Trennung von Motiven und Motivation eine wichtige Rolle.

So hat jedes menschliche Verhalten unterschiedliche zugrunde liegende Beweggründe.[18] Einzeln und isoliert betrachtet, werden diese als Motive bezeichnet. Motive sind dabei relativ stabile Persönlichkeitsmerkmale, welche die Motivation beeinflussen.[19] Motive sind daher die Grundlage für jede Entscheidung oder Handlung, die eine Person trifft.

---

[16] Vgl. Bruggemann, A. et al. (1975).
[17] Vgl. Kortsch, T. / Rehwaldt, R. (2021), S. 2 f.
[18] Vgl. Rosenstiel, L. v. (2014), S. 6 f.
[19] Vgl. Scholz, C. (2014), S. 286.

Hierbei muss zwischen primären oder angeborenen Motiven und sekundären oder erworbenen Motiven unterschieden werden.[20] Erstere umfassen Bedürfnisse, die das Leben unterstützen oder ermöglichen. Primäre Motive sind beispielsweise Hunger, Durst oder soziale Kontakte. Primäre Motive können sich im Laufe des Lebens ändern. Die sekundären Motive hingegen sind erlernt und umfassen unter anderem Bedürfnisse nach Anerkennung oder Sicherheit.

Motivation repräsentiert die Gesamtheit aller Motive.[21] Motivation kann als Prozess beschrieben werden.[22] Ein bestimmtes Motiv treibt Menschen zu einem bestimmten Verhalten. Dieses Verhalten wiederum führt zu einer Handlung, welche durch das Motiv bis zum Abschluss (Bedürfnisbefriedigung) aufrechterhalten wird. Die Motivation ist also abhängig von den aktuellen Motiven der Person.[23]

In den vorherigen Zeilen war die Motivation als Ganzes Gegenstand der Betrachtung. Im vorliegenden Beitrag geht es jedoch um Arbeitsmotivation. Das Begriffsverständnis ist analoger Natur und betrifft den Teil der Motive, die in die Motivation zur Arbeit hineinreichen. Arbeitsmotivation beschreibt dabei einen psychischen Zustand bzw. Prozess für die Bereitschaft zur Arbeit. Arbeitsmotivation entsteht dann, wenn persönliche Motive auf Motivierungspotenziale der Arbeit treffen.[24]

Grundsätzlich wird zwischen zwei Motivationsformen unterschieden: der *intrinsischen* und der *extrinsischen* Motivation. Intrinsische Motivation beschreibt den inneren Reiz einer Person, eine bestimmte Handlung zu bewirken. Sie entsteht dabei aus sich selbst heraus und wird nicht von äußeren Faktoren beeinflusst.[25] Bei der extrinsischen Motivation hingegen werden Menschen nur durch äußere Faktoren und Antriebe zur Arbeit motiviert.[26] Oft sind dies externe materielle

---

[20] Vgl. Fischer, L. / Wiswede, G. (2009), S. 98 f.
[21] Vgl. Jung, H. (2017), S. 367.
[22] Vgl. Fischer, L. / Wiswede, G. (2009), S. 97.
[23] Vgl. Jung, H. (2017), S. 367.
[24] Vgl. Hellert, U. (2005), S. 3 f.
[25] Vgl. Comelli, G. et al. (2014), S. 11 f.
[26] Jung, H. (2017), S. 370.

Anreize wie Geld. Andere klassische extrinsische Anreize sind z. B. Lob und Anerkennung. Die Motivation entsteht mit dem Wissen, positive Folgen zu erzielen (z. B. eine Belohnung) oder negative Folgen zu vermeiden (z. B. Strafen).[27] Diese Anreize sind im Sinne einer Motivationsanalyse wichtiger als die Handlung selbst. Intrinsische und extrinsische Motivation ist im Arbeitskontext genauso gültig wie in den übrigen Lebensbereichen eines Menschen. Die Eigenschaften von extrinsischer und intrinsischer Motivation sind dabei auf die Rolle als Arbeitskraft eines Menschen zu übertragen.[28] So gibt es in der Arbeitsrolle äußere Belohnungen wie Beförderung, Gehaltserhöhung oder auch ein Lob von einer vorgesetzten Person, die angestrebt werden. Dies sind klassische Beispiele für extrinsische Motivation. Intrinsisch motiviertes, also um seiner selbst willen stattfindendes, Handeln ist beispielsweise der Spaß an der Vorstellung des Haushaltsplans im Finanzausschuss oder aber der Erstellung eines Bescheids.

Intrinsische Motivation wird auch als Primärmotivation und extrinsische Motivation als Sekundärmotivation bezeichnet.[29]

Beim Studieren einer Vielzahl von empirischen Belegen und Lehrbüchern zum Thema Führung gibt es aus Sicht des Autors genau zwei Dinge, auf die sich eine Führungskraft konzentrieren sollte. Diese sind unabhängig davon, in welcher Organisation oder Hierarchiestufe Führung geschieht. Es sind:

1. positive Arbeitsergebnisse und
2. hohe Arbeitszufriedenheit

herbeiführen.

Wenn man ein wenig differenzierter in die Zusammenhänge zwischen Arbeitszufriedenheit und positiven Arbeitsergebnissen sowie in die Arbeitsergebnisse selbst vertiefend einsteigt, dann gibt es einige Variablen mehr, die die Gleichung ausmachen.

---

[27] Vgl. Doetsch, P. (2014), S. 7.
[28] Vgl. Hellert, U. (2005), S. 3.
[29] Vgl. Wanzel, C. (2010), S. 210 f.

Zunächst einmal ist in diesem Kontext wichtig, sich zu verdeutlichen, wie der Zusammenhang zwischen Arbeitszufriedenheit und positiven Arbeitsergebnissen beschaffen ist.

Unabhängig, ob wir uns im privaten oder im öffentlichen Sektor befinden, stellt wirtschaftliches Handeln (Minimal-/Maximal- oder Extremum-Prinzip) den Grundpfeiler dar. Im öffentlichen Sektor ist der Haushaltsgrundsatz von Sparsamkeit und Wirtschaftlichkeit – abhängig von der jeweiligen Verwaltungsart und -ebene – in der jeweiligen Haushaltsordnung oder Kommunalverfassung gesetzlich normiert. Wirtschaftlichkeit und Effizienz sind Synonyme und befassen sich stets mit dem Verhältnis von Input zu Output. Dagegen befasst sich Effektivität mit der Zielerreichung an sich (Soll-Ist-Bilanz).[30] Neben wirtschaftlichem Handeln ist effektives Handeln ein zweites Kriterium für positive Arbeitsergebnisse im Sinne des hier beschriebenen Kontextes. Da sowohl effizientes Handeln ohne Effektivität als auch effektives Handeln, das ineffizient ist, nicht unter die Überschrift der positiven Arbeitsergebnisse zu subsumieren ist, wird klar, dass Führungskräfte darauf hinwirken müssen, dass sich beide Variablen wechselseitig ergänzen.

Empirische Belege verdeutlichen, dass Arbeitszufriedenheit die Mitarbeitermotivation steigert und eine hohe Mitarbeitermotivation (dies ist unstreitig und bedarf im Grunde keiner empirischen Belege) zu hoher Arbeitsleistung führt. Eine hohe Leistung wiederum steht für Erfolg in Bezug auf Effizienz und Effektivität. Eine umfassende empirische Sekundär- und Primäranalyse, welche vom Autor Philip Eisenhardt im Jahr 2012 veröffentlicht wurde, wertet zahlreiche namhafte Forschungsergebnisse aus und verdeutlicht die Signifikanz dieser Zusammenhänge.[31]

Eine kurze Zusammenfassung der vorangegangen dargestellten Zusammenhänge stellt die nachfolgende Abbildung dar (Abb. 3.2).

---

[30] Vgl. z. B. Daum, D. (2001), S. 9.
[31] Vgl. Eisenhardt, P. (2012), S. 322 ff. Einige diesbezügliche ausgewählte namhafte Forschungsergebnisse: vgl. Porter, L. W. / Lawler, E. E. (1968); Herzberg, F. (1968); March, J. G. / Simon, H. A. (1976); Locke, E. A. (1976).

3 Führung in der öffentlichen Praxis – worauf kommt es an?

Abb. 3.2 Zusammenhangsmodell Arbeitszufriedenheit und Organisationserfolg. (Quelle: Eisenhardt, P. (2012), S. 249.)

Statistische Kausalitäten zwischen Zufriedenheit und Motivation reichen bis zu einem mittleren linearen Zusammenhang (Regressionskoeffizient R^2 von 0,5 und einer hohen Signifikanz). Eine ähnliche Ausgangssituation liegt bei Motivation und Erfolg vor. Motivation erklärt Markterfolg und den finanziellen Erfolg über eine steigende Produktivität (statistische Kausalität von Motivation zu Produktivität von $R^2 = 0,4$ und von Produktivität zu Markterfolg von etwa $R^2 = 0,35$, jeweils hoch signifikant). Der Markterfolg (zufriedene Kunden, hoher Marktanteil, Realisierung eines hohen Kundenwertes und Stammkundenbindung) ist schließlich kausal mit dem finanziellen Erfolg (Umsatzrendite, Return on Investment und Gewinn; $R^2 = 0,5$) verknüpft.[32]

Auch wenn die zitierte Studie aus dem privaten Sektor stammt, so sind die Auswirkungen der Arbeitszufriedenheit auf die Arbeitsleistung keine sektorale Erscheinung. Vielmehr sind die Effekte des Erfolgs in der öffentlichen Verwaltung andere (Beispiele sind Effizienz, Wirksamkeit/Outcome, Impact etc.).

In der Literatur werden im Wesentlichen zwei Modelle zum Zusammenhang von Zufriedenheit und Leistung betrachtet:

(1) Zufriedenheit bewirkt (durch gesteigerte Motivation) Leistung und
(2) Leistung führt zu Zufriedenheit.[33]

---

[32] Die Zusammenhänge basieren auf einer deutschen Studie im Industriesektor (n = 226 Unternehmen) von Eisenhardt (2012). In der Studie sind weiterhin zahlreiche ähnliche empirische Evidenzen im Rahmen einer Sekundäranalyse dargestellt, welche die Wichtigkeit der Arbeitszufriedenheit für den Organisationserfolg darstellen.
[33] Vgl. March, J. G. / Simon, H. A. (1976), S. 48 ff.

Da Arbeitszufriedenheit eine relevante Größe für Leistung und damit auch für Effizienz und Effektivität in der Organisation ist, steht die Arbeitszufriedenheit mit auf der Führungsagenda. Dies ist im Übrigen unabhängig davon, ob wir es mit dem Pflichtenheft des Managers oder des Leaders zu tun haben. Für Effizienz oder Effektivität sind grundsätzlich beide verantwortlich. Lediglich das Ausmaß und der Kontext sind unterschiedlich.

An dieser Stelle kann man sich nun zahlreiche Gedanken machen, welche Faktoren die Arbeitszufriedenheit positiv beeinflussen. Im Rahmen der relevanten Forschungsbereiche der Wissenschaft gibt es da so einige Variablen, die infrage kommen. Und wie Sie sehen können, finden sich hier zugleich auch wieder einige Produkte der wohlverstandenen Anwendung der Kernaufgaben einer Führungskraft von Malik wieder.

So gibt es Rahmenfaktoren für die Arbeitszufriedenheit, welche beispielsweise

- im Autonomiegrad der Arbeit,
- der Arbeitskomplexität,
- dem Führungsstil,
- der Entlohnung,[34]
- dem Verhältnis zu den Kollegen,
- der Organisationspolitik,
- der Betriebsorganisation,
- der beruflichen Förderung,[35]
- einer geeigneten Qualifizierung,[36]
- dem Freisetzungsverhalten Arbeitgeber[37]

liegen.

---

[34] Vgl. Gouthier, M. H. J. / Ganz, W. (2011), S. 359.
[35] Vgl. Fladung, A. (1999), S. 254 ff.
[36] Vgl. Eisenhardt, P. (2012), S. 235; 202.
[37] Vgl. Eisenhardt, P. (2012), S. 235; 210.

Renommierte Forscher auf dem Gebiet der Arbeitszufriedenheit sind Weiss und Cropazano, Neuberger, Allerbeck, Bruggemann oder Staehle.[38]

Die meisten Theorien über Arbeitszufriedenheit haben gemein, dass die Zufriedenheit sowohl von Variablen in der Organisation als auch von solchen außerhalb der Organisation beeinflusst wird (z. B. Arbeitsmarkt, demografische Faktoren, Gesundheit, private Finanzen und private Bindungen etc.).

Die nicht in der Organisation liegenden Variablen kann eine Führungskraft nur bedingt beeinflussen. Berücksichtigen und mit gestalten kann sie diese jedoch schon. Da wäre beispielsweise eine flexiblere Arbeitszeitgestaltung für einen Mitarbeiter, der gerade Beziehungsprobleme hat, oder auch eine gemeinsame Beratung über einen gesundheitstauglicheren Arbeitsplatz für den Kollegen.

In Bezug auf die Arbeitszufriedenheit ist es die Aufgabe der Führungskraft. seine Mitarbeiter kennenzulernen und sich daran heranzutasten, was ihre Arbeitszufriedenheit begünstigt oder nicht. Damit ist keinesfalls gemeint, dass sich eine Führungskraft in seiner Rolle so definiert, dass sie allen jeden Tag etwas Gutes tun soll. Vielmehr geht es um die Gestaltung der richtigen Arbeitsbedingungen für die richtigen Personen.

Dieses Herantasten findet auf verschiedenen Beziehungs- und Funktionsebenen statt. Nach Edgar und Peter Schein können Leader-Follower-Beziehungen entlang eines Kontinuums von vier „Beziehungsebenen" unterschieden werden, die sich wie folgt darstellen:

- Level Minus 1: totale unpersönliche Herrschaft und Zwang
- Level 1: transaktionale Rollen- und regelbasierte Aufsicht, Unterstützung und die meisten Formen „professioneller" helfender Beziehungen
- Level 2: persönliche, kooperative, vertrauensvolle Beziehungen wie in Freundschaften, in Form von effektiven Teams
- Level 3: emotional intime totale gegenseitige Verpflichtungen[39]

---

[38] Vgl. Bruggemann, A. (1974); Neuberger, O. / Allerbeck, M.(1978); Weiss, H. / Cropanzano, R. (1996); Staehle, H. (1999).
[39] Vgl. Schein, E. H. / Schein, P. A. (2018), S. 19.

Die Quintessenz des Schein-Modells der vier Ebenen ist, dass ein Führungsstil, der sich auf die Ebenen 2 und 3 fokussiert effektivere Arbeitsergebnisse mit weniger Führungsaufwand zu erzielen im Stande ist. Unter Bezugnahme auf die vorangegangen dargestellten Rahmenfaktoren für die Arbeitszufriedenheit wird deutlich, dass der Führungsstil und die Beziehungen in der Organisation ein Prädiktor für Arbeitszufriedenheit sind.

Ein vertrauensvolles Umfeld stellt eine gute Arbeitsebene dar, im Rahmen derer eine Beziehungsebene dafür sorgt, dass Mitarbeiter nicht nur Arbeit leisten, weil sie es müssen, sondern gute Arbeit leisten, weil sie gemeinsam mit ihrem Team die besten Ergebnisse herausholen wollen und weil das Gesetz der Reziprozität greift („gebe zurück was du bekommen hast"). Durch Gegenseitigkeit entstehen Beziehungen und gegenseitiges Vertrauen.[40]

In der organisationalen Realität kann eine Beziehung auf Level 2 oder 3 nicht mit allen Mitarbeitern entstehen. Dies ist selbstverständlich. Menschen sind verschieden, Werteordnungen differieren und es gibt auch Mitarbeiter, die bewusst auf Distanzen gehen und keine Beziehungen eingehen wollen. Als Führungskraft sollten Sie in diesen Fällen dennoch versuchen, nicht auf der Ebene Minus 1 unterwegs zu sein. Positionieren Sie sich auf Level 1 und dort, wo es die Situation zulässt, nutzen Sie Essenzen von Level 2, ohne sich aufzuzwingen. Der Rest kommt von allein.

Nur um dies klarzustellen, auf der Arbeit geht es um Leistung, es geht um positive Arbeitsergebnisse und Mitarbeitermotivation. Es geht nicht um das miteinander Kuscheln und auch nicht um das „Weichspülen" von wichtigen Themen, wie beispielsweise potenziellen Konflikten durch vorgeschobene Beziehungen.

Eine positive Beziehung zwischen Führungskraft und Mitarbeiter fördert gute Arbeitsergebnisse und Arbeitszufriedenheit. Sie fördert ferner auch die Kompetenz, auf einer konstruktiven Ebene Konflikte austragen zu können und Kritik zulassen zu können, um daraus zu lernen.

---

[40] Vgl. z. B. Schein, E. H. / Schein, P. A. (2018), S. 38; 48.

Die Quintessenz dieses letzten Teils des Kapitels ist damit, dass eine Führungskraft für das Erzielen positiver Arbeitsergebnisse verantwortlich ist. Damit dies gelingt, ist u. a. die Zufriedenheit der Mitarbeiter als eine zentrale Variable von besonderer Bedeutung. Zufriedenheit kann auf unterschiedliche Weise erreicht werden. Sie findet nicht zuletzt auf einem guten Beziehungsgefüge zwischen Mitarbeiter und Führungskraft statt.

3.4 Etablierte Werkzeuge

Da sich dieses Kapitel auf Managementwerkzeuge konzentriert, ist es an dieser Stelle erforderlich, einige berühmte Management-Tools für einen effektiven Manager oder eine Führungskraft zu veranschaulichen und zu beschreiben.

Obwohl die Managementwissenschaft in den letzten Jahren viel Neues hervorgebracht hat, sind wirksame Instrumente in den letzten Jahrzehnten nach eigener Erfahrung und Beobachtung relativ stabil.

In diesem Kapitel möchte ich die Werkzeuge

- Budgetierung,
- Mitarbeitergespräch,
- Besprechung,
- Management by Objectives (MbO),
- Leistungsbewertung,
- SWOT-Analyse,
- deskriptive Statistik und
- Nutzwertanalyse,
- relevante Essenzen aus der deskriptiven Statistik (basierend auf Fragebögen, Sekundärdaten etc.)

vorstellen.

Budgetierung
Denken Sie an die Aufgaben einer Führungskraft aus dem Abschn. 3.1. Eine wesentliche Aufgabe ist es, für Ziele zu sorgen. Weitere Aufgaben

sind das Organisieren und Kontrollieren. Ziele können inhaltlicher oder finanzieller Natur sein. Kontrollieren können Sie nur dann mit einem echten Mehrwert, wenn Sie irgendetwas (wenn auch nur implizit) als richtig oder als falsch festgelegt haben.

Ein Budget bietet einen Rahmen dafür, was finanziell richtig oder falsch ist. Es ist ein Rahmen für finanzielle Maßnahmen. Es ist möglich, ein Budget auf verschiedenen Ebenen und Objekten festzulegen. Die bekanntesten Budgetierungsrahmen sind auf Organisationseinheiten, Kostenstellen oder Projekte eingestellt. Das Budget ist eines der wichtigsten Integrations- und Steuerungsinstrumente in einer Organisation. Es ist Lenkrad, Gaspedal, Kupplung und Bremse in einem Werkzeug.[41]

Zusätzlich zu dem Steuerungsmehrwert in der Praxis, ist die Budgetierung in nahezu allen Haushaltsnormen der öffentlichen Hand vorgeschrieben.

Im Rahmen von Budgets kann sehr viel Management und Führung stattfinden.

Aus zentraler Sicht des Organisationsleiters (Hauptverwaltungsbeamter, Geschäftsführer etc.) und der Querschnittseinheiten Personal und Finanzen, sollte den Organisationseinheiten (Abteilungen, Fachbereichen, Sachgebieten etc.) so viel Freiheit wie möglich gelassen werden. Dies ist nicht nur Gegenstand der ebenfalls haushaltsrechtlich normierten dezentralen Ressourcenverantwortung, sondern auch eine zentrale Prämisse der wirtschaftswissenschaftlichen Forschungsbefunde.[42] Wenn die Ressourcen zentral gelenkt werden und die Gestaltungsfelder der dezentralen Führungskräfte einschränken, so werden zwei Dinge geschehen:

1. Die dezentralen Führungskräfte werden intrinsisch keine Verantwortung für die zentral gelenken Sachverhalte übernehmen wollen und können,

---

[41] Vgl. Malik, F. (2013), S. 87.
[42] Vgl. Picot, A., et al. (2008), S. 46 ff. zur Theorie der Handlungs- und Verfügungsrechte / Property-Rights.

2. Es ergibt sich eine Tendenz zu unwirtschaftlichem Verhalten in Bezug auf die zentral gelenkten Ressourcen, da die dezentralen Führungskräfte strategisches Verhalten anwenden, um die zentralen Akteure dazu zu bewegen, Ressourcen zu bekommen, die sie ggf. gar nicht in der Höhe benötigen (Stichworte „ich nehme was ich kriegen kann, wer weiß, wann man mal wieder etwas bekommt", „die Gelegenheit ist günstig, jetzt oder nie, wer weiß, wozu ich es mal brauche", „wenn jetzt alle Personal kriegen, möchten wir auch etwas" oder „ich gehe erst einmal mit 5 Stellen in die Verhandlungen, damit ich drei erhalte").

Die genannten zwei Konstellationen dürften den meisten Lesern bekannt sein. Die zweite Konstellation würde nicht eintreten, wenn die Eigenverantwortung für Kosten und Erträge bei den dezentralen Führungskräften lägen. Wozu sollte jemand, der frei schalten und walten kann, mehr Personal einstellen oder mehr Lizenzen beschaffen, als er benötigt, wenn er durch die Mehrausgaben andere Maßnahmen und Projekte nicht verwirklichen kann? Die Antwort ist richtig, es gibt keine Motivation dies zu tun, wenn ich selbst die Verantwortung für die Ausgaben trage. Die Konstellation der Eigenverantwortung verkörpert das zweite („to change a good in form or substance" – *abusus*) oder gar das dritte Recht („the right to acquire gains but respectively the obligation to bear any losses" – *usus fructus*) der Handlungs- und Verfügungsrechte.

Das stärkste Handlungs- und Verfügungsrecht ist das Eigentumsrecht. Niemand würde mit seinem Pkw oder seinem Haus unwirtschaftlich umgehen, wenn er weiß, dass er selbst die volle Verantwortung für das Wirtschaftsgut hat. Beschädigt er es, trägt er die Kosten. Wenn Sie sich beispielsweise eine gemietete Immobilie oder einen Leihwagen vorstellen, so sieht das hier schon anders aus. Die Motivation nachhaltig zu denken und ökonomisch langfristig zu denken, ist hier wesentlich geringer.

Die gelebte Praxis in Sachen dezentraler Ressourcenverantwortung sieht in den meisten mir bekannten öffentlichen Organisationen nicht so aus, dass viel vom Grundgedanken der dezentralen Ressourcenverantwortung übrig ist. Meist existiert ein Sachaufwandsbudget, die

Personalressourcen werden jedoch fast vollständig zentral portioniert. Bezüglich der Sachressourcen wird ebenfalls zu viel zentral gelenkt. Dies ist auf der einen Seite verständlich, wenn man bedenkt, dass beispielsweise die Verantwortung für den Stellenplan im Querschnittsbereich Personal und die Verantwortung für das Rechnungswesen im Querschnittsbereich Finanzen liegt.

Dass jedoch sehr viel an dezentralen Kompetenzen in den beiden Bereichen Personal und Finanzen an die Führungskräfte der übrigen Organisationseinheiten übertragen werden kann, steht außer Frage, wenn ich mir die positiven Beispiele anschaue. Es funktioniert. Neben dem praktischen Leben des Grundsatzes, dass Einsparungen an Personal nach akzeptierten und verhandelten Grundsätzen zu Mehraufwand im Sachbudget führen dürfen, hat diese Philosophie sogar eine haushaltsrechtliche Grundlage. So kann die Verantwortung für Personal- und Sachaufwand im Rahmen einer gegenseitigen Deckungsfähigkeit (Beispiel großes Schulbudget) umgesetzt werden.

Kurzum: Lassen Sie den Führungskräften Raum für eigenen Gestaltungsspielraum, wenn Sie wollen, dass diese ihre Führungsaufgabe wahrnehmen (können). Hier wird final deutlich, warum es wichtig ist, dass Sie Führungskräfte nach Kompetenz auswählen. Wer führen kann, braucht keine „kurze Leine".

Mitarbeitergespräche

Kommunikation ist der Flaschenhals eines effektiven Managements oder mit anderen Worten einer leistungsfähigen Organisation. Alle Managementaufgaben („plan", „do", „act", „control" etc.) können nur erfolgreich sein, wenn die Kommunikation in eine Organisation hinein funktioniert. Dies gilt für die Ebene des Facharbeiters bis zum Topmanagement.

Neben der informellen Kommunikation gibt es eine formelle Kommunikation (die „Routinen"). Ein Mitarbeitergespräch stellt eine der formellen Kommunikationsroutinen zwischen Führungskraft und Mitarbeiter dar. Sie sollte geplant und strukturiert sein und nicht in einem Vakuum von Zielen und Ergebnissen stattfinden. Es ist die Grundlage für Führungskräfte und Mitarbeiter, um strukturiert über jede Leistung im Lichte der Selbst- und Fremdbewertung zu diskutieren.[43]

Trotz einer Planung und Struktur, sollte ausreichend Raum für eine offene Diskussion vorhanden sein. Das Mitarbeitergespräch ist ein geeignetes Format, den Mitarbeitern zuzuhören.

Die Besprechung
Besprechungen sind ein strukturiertes Format, um über Sachverhalte der Arbeit zu sprechen. Jedes Meeting, an dem mehr als zwei Personen teilnehmen, wird in diesem Rahmen als Besprechung verstanden. Politische, formalere, Sitzungen (wie z. B. eine Aufsichtsratssitzung oder eine Ratssitzung) werden hier im weiteren Sinne ebenfalls als Besprechungen verstanden. Für sie gilt (unabhängig von den formalen gesetzlichen Anforderungen) grundsätzlich dieselbe Logik.

In einer Besprechung braucht es ein oder mehrere Ziele. Es geht im Vorfeld also immer darum, sich klar zu machen, warum man zusammenkommt. Dann ist in einem nächsten Schritt wichtig, welche Personen dabei sein müssen, und wer welche Rolle hat. Personen, die nicht zum Ziel der Besprechung beitragen, sollten auch nicht dabei sein. Sie können an anderer Stelle ihre Arbeitskraft wirksamer einbringen.

Ich empfehle immer, eine kleine Tagesordnung zu erstellen. Diese sollte den Teilnehmern klar sein. Eine Tagesordnung zu haben, bedeutet nicht, dass man diese jedes Mal neu machen muss, wenn man z. B. eine wöchentliche Teambesprechung durchführt. Und gerade, wenn man ein situativeres Meeting mit zwei Kollegen einberuft, muss man nicht erst noch eine Word-Datei mit Leben füllen und sie dann den Anwesenden senden. Es geht vielmehr darum, eine Arbeitsmethodik, eine Struktur und dem folgend einen roten Faden für den Kommunikationsverlauf zu haben. Dieser sollte den Anwesenden bekannt sein. So kann man diesen roten Faden auch mündlich vortragen, oder aber auf eine Tafel, ein Flipchart oder Ähnliches schreiben. Ein Beispiel ist „Wir

---

[43] Für einen ausführlichen Überblick über Funktionen und Nutzen eines Mitarbeitergesprächs vgl. Neuberger, O. (2014), S. 15. ff.

beginnen mit allgemeinen Themen und Fragen, dann besprechen wir den Umsetzungsstand der Punkte der letzten Besprechung und dann kommen wir zu den neuen Punkten". Eine solche Struktur kann jede Woche gleich sein, so stellt sich automatisch ein, dass jeder Meeting-Teilnehmer die Tagesordnung kennt. Gerade zur Vorbereitung kann mit einer Datei gearbeitet werden, in welche die Mitarbeiter ihre allgemeinen Punkte bis zu einer festen und immer gleichen Deadline vor der Sitzung eintragen. So kann der Moderator sich besser auf die Punkte vorbereiten und die Mitarbeiter können im Rahmen der von ihnen geplanten Themen Redundanzen ebenfalls besser organisieren.

Eine Person muss die Besprechung moderieren und auf eine Struktur achten. In Team-Meetings ist dies regelmäßig die Führungskraft, in größeren Sitzungen der Vorsitzende usw.

In politischen Sitzungen sind Tagesordnungen stets vorher aufzustellen und allen zugänglich zu machen. Dies ist nicht nur den rechtlichen Anforderungen geschuldet, sondern ergibt sich auch auf der Grundlage der stets wandelnden Themen. Durch ein Protokoll muss hier eine Beschlusskontrolle erfolgen.

Für Teammeetings ist ein Protokoll nicht erforderlich. Eine grundlegende Dokumentation hingegen schon. Ich empfehle dafür eine einfache Exceltabelle, die fortgeschrieben wird und von Zeit zu Zeit um überflüssige bzw. erledigte Themen bereinigt wird. Es gibt für diesen Zweck jedoch auch einfach gehaltene Freeware.

Management by Objectives

Das MbO-Konzept ist eine Idee für ein Managementkonzept von Peter Drucker aus dem Jahr 1954 – formuliert in seinem Werk *The Practice of Management*. Führung durch Zielvereinbarungen konzentriert sich nicht auf Aktivitäten, sondern auf Ergebnisse. Hintergrund ist, dass die Vielzahl der Einzeltätigkeiten im Managementumfeld den Führungskräften zu viel Aufmerksamkeit abverlangt, um sich auf das Wesentliche (die Ergebnisorientierung) konzentrieren zu können.

Übergeordnete Ziele der Organisation sollten von den Führungskräften auf allen Ebenen abgestimmt und auf die Arbeitsebene heruntergebrochen werden (Anmerkung des Autors: Genau hier liegt das größte Problem dieses Konzepts in Reinform – obwohl es auch dann noch ein gutes System ist, wenn es widersprüchliche Ziele gibt und diese austariert werden).

Gerade in öffentlichen Organisationen ist die Bandbreite der Zieldimensionen häufig sehr breit (gute Beispiele sind insbesondere Kommunen). Insofern darf nicht versucht werden, technokratisch und zwanghaft MbO zu betreiben.

Ein Mitarbeiter sollte sich nicht von seinem Chef leiten lassen, sondern von einem Ziel. Die Expertenrollen sind somit adäquat auf die zu erzielenden Arbeitsergebnisse abgestimmt. Gleiches gilt für Führungskräfte im Verhältnis zu ihren übergeordneten Führungskräften. Zielerreichung wird belohnt.[44]

MbO kann und sollte auch in öffentlichen Organisationen betrieben werden. Es geht nicht darum, alle Aufgaben auf Stellen nur an Zielen auszurichten, sondern Ziele zu haben und die Ziele dort, wo es geht, in Aufgaben auf den Stellen zu überführen. Wenn beispielsweise eine streng ökonomische Beteiligungssteuerung ein strategisches Ziel der Organisation darstellt, dann ist eine Maßnahme auf der Stelle des Beteiligungssteuerers das quartalsweise Abprüfen von Finanzkennzahlen und das Vereinbaren von verbindlichen Ausschüttungen im Zusammenhang mit den relevanten Unternehmen. Dasselbe gilt für Stellen im Ordnungsamt und im Meldewesen sowie allen anderen Verwaltungsbereichen.

MbO bezeichnet die ganzheitliche Ausrichtung an den Zielen und Ergebnissen. Dabei spielt MbO in verschiedenste Szenarien des Führungsalltages mit hinein. MbO kann beispielsweise sehr gut mit dem Konzept der leistungsorientierten Bezahlung des Tarifvertrages für den öffentlichen Dienst (TVÖD) kombiniert werden, da Ziele und Leistungskriterien auf übergeordnete Unternehmensziele ausgerichtet werden können. MbO lässt sich dementsprechend ebenfalls sehr gut mit laufenden Mitarbeitergesprächen kombinieren, um den Kontakt zueinander nicht zu verlieren und im Regelaustausch ergebnisorientierte Kommunikationsroutinen zu planen.

---

[44] Zum MbO-Konzept vgl. grundlegend Russel-Walling, E. (2014), S. 128 ff.

Das Management eines solchen Systems sollte mit einer ERP-Software umgesetzt werden, um Effizienz und Effektivität der Zielsteuerung sicherstellen zu können.

Wenn es keine übergeordneten Ziele gibt, weil übergeordnete Führungskräfte ihre „Hausaufgaben" nicht gemacht haben, sollten Abteilungs- oder Teamziele den Überbau dienen. Auch diese können für das MbO verwendet werden.

Leistungsbewertung
Führungskräfte und Manager sind ergebnisverantwortlich, das heißt sie tragen auch Verantwortung für die Ergebnisse ihrer Mitarbeiter. Das bedeutet, dass sie Interesse an leistungsstarken Mitarbeitern haben müssen. Daher müssen sie auch die Leistung ihrer Mitarbeiter bewerten und kontrollieren. Das Ergebnis einer Organisation hängt von den Führungs- und Managementaufgaben und den Fähigkeiten der Mitarbeiter ab. Das bedeutet, dass Führungskräfte nicht nur Ziele setzen müssen, sondern auch die Leistung der Mitarbeiter in Bezug auf die Zielerreichung (= Ergebniserreichung = Leistung) bewerten müssen.

Die Leistungsbeurteilung sollte einem systematischen Konzept folgen (z. B. einerseits nach den Leistungsindikatoren einer Position wie Fach-, Methoden- oder Sozialkompetenz und andererseits nach dem Grad der Zielerreichung individuell vereinbarter Ziele zwischen Mitarbeiter und Führungskraft).

Durch die Kombination von Mitarbeitergespräch, MbO und Leistungsbeurteilung wird deutlich, dass diese drei Werkzeuge einen sehr effektiven Steuerungskreislauf abbilden können. Ziele und Kriterien können und sollten ebenfalls an die Arbeitszufriedenheit (zum Nutzen, vgl. Abschn. 3.1) oder andere Ziele der Mitarbeiter gekoppelt werden, da auch diese einen Beitrag zum Erfolg der Organisation beitragen.

SWOT-Analyse
Trotz ihrer weiten Verbreitung lassen sich die Ursprünge der SWOT-Analyse nicht eindeutig identifizieren. Nach meinen Beobachtungen werden jedoch häufig die beiden amerikanischen Ökonomen Harry Igor Ansoff oder Peter Drucker als Begründer der SWOT-Analyse identifiziert. Demgegenüber wird ebenso der Harvard-Professor

Kenneth Andrews als Erfinder der SWOT-Analyse betrachtet, weil er das Framework 1963 auf einer Universitätsveranstaltung einer breiteren Öffentlichkeit vorstellte und diese daraufhin zu einer Säule der Harvard-Unterrichtsmethodik wurde.

SWOT steht für ein Akronym, bestehend aus S-Strengths, W-Weaknesses, O-Opportunities und T-Threats. Die SWOT-Analyse dient meist der Entwicklung einer Organisationsstrategie, kann aber auch für andere Managementaufgaben auf unterschiedlichen Ebenen (z. B. Team, Sachgebiet, Fachbereich etc.) eingesetzt werden.[45]

S und W sind interne Faktoren, während O und T externe Faktoren sind.

Nicht abschließende Beispiele:
Interne Faktoren (S/W):

- Finanzielle Lage
- Wissen
- Organisationskultur
- Produkte und Leistungen
- Bürgerservice

Externe Faktoren (O/T):

- Konkurrenten
- Soziale / gesellschaftliche Trends
- Technologische Trends
- Rechtslage

Die Funktionsweise der Analyse besteht darin, eine Reihe von hilfreichen Faktoren zu sammeln und sie abzugleichen und in eine zukünftige Handlung oder Richtung umzuwandeln.

Während das Matching klar ist, funktioniert das Konvertieren im Wesentlichen nach den folgenden Schlüsselfragen:

---

[45] Vgl. Sarsby, A. (2016), S. 3.

- *Könnte ein T in einen Vorteil umgewandelt werden, indem man das T in ein O umwandelt? (T-O-Strategien)*
- *Könnte ein W in ein S umgewandelt werden? (W-S-Strategien)*
- *Können andere Matchings von Faktoren helfen, zusätzliche Mehrwerte zu schaffen (Stärken stärken durch Matching miteinander (S-O-Strategien)?* oder
- *Wo sollten wir eine klare Verteidigungsstrategie fahren oder versuchen, unsere Schwächen-Probleme zu lösen? (W-T-Strategie).*

Die Faktoren werden nun durch eine transparente Vierfelder-Matrix visualisiert und analysiert.

Die nachfolgende zusammenfassende Darstellung verbindet die Erhebungs- und Analysephase. Die Phasen werden in der Praxis in einem oder mehreren Workshops durchlaufen. Hier kann die Führungskraft entweder Moderator oder Teilnehmer sein (Abb. 3.3).

Mit der SWOT-Analyse können zahlreiche Managementprobleme gelöst werden. Sie ist sehr generisch verwendbar.

Häufige Einsatzbereiche sind Strategiekonzepte, Strategische Ziele oder Leitbilder auf der Ebene der übergeordneten Organisationsführung. Auch operative Ziele in Teams sowie sämtliche konzeptionelle Aufgaben können mit diesem Werkzeug erarbeitet werden. Die Art der Beteiligung kann flexibel gewählt werden, sodass akzeptierte Ergebnisse mit hohem Implementierungsgrad erarbeitet werden können.

Deskriptive Statistik
Um Berichte aus dem Controlling zu verstehen oder eigene Analysen durchzuführen, muss ein Manager oder eine Führungskraft die Grundlagen der deskriptiven Statistik beherrschen. Der Anspruch, mit deskriptiver Statistik arbeiten zu können, bedeutet, zwei Arten von Forschungshypothesen zu verstehen: die Verteilungshypothese und die Zusammenhangshypothese.[46] Je nachdem welche allgemeine These in der Organisation gerade im Raum steht (wir sind zu langsam ! wir

---

[46] Vgl. Töpfer, A. (2012), S. 309.

1) Matching

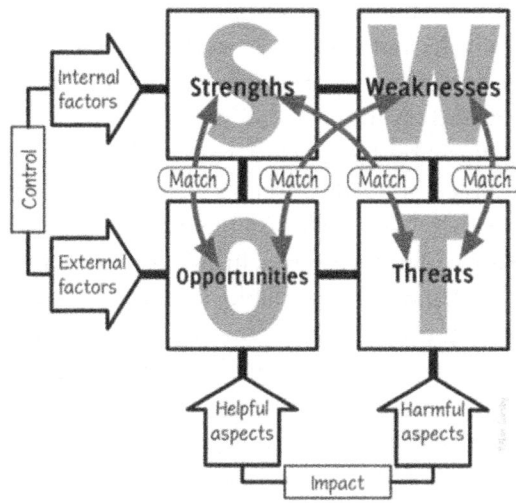

2) Konvertierung:

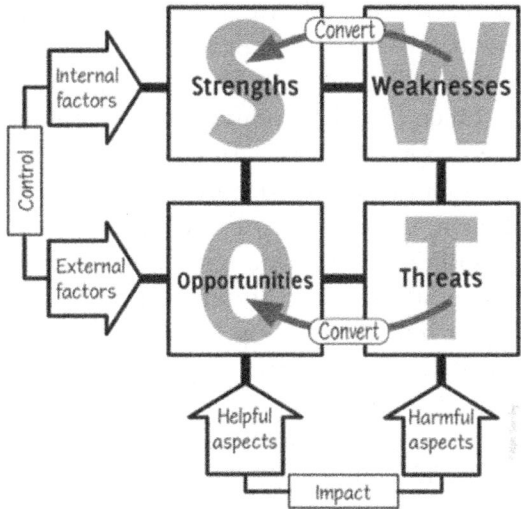

Abb. 3.3 Vierfelder-Matrix SWOT mit den Elementen Matching und Konvertierung. (Quelle: Sarsby, A. (2016), S. 12 f.)

benötigen mehr Personal ! wir sind zu teuer ! etc.) kann diese anhand geeigneter Daten überprüft werden.

Dasselbe gilt analog bei Daten, die seitens anderer Organisationsmitglieder (Controlling, Kämmerei, übergeordnete Führung, Berater etc.) präsentiert und diskutiert werden.

Verteilungshypothesen sind solche, bei denen die reine Verteilung einer Variablen mit statistischen Verfahren untersucht wird (z. B. der Mittelwert der Arbeitsfälle in einem jeweiligen Jahr oder der Minimal- und der Maximalwert der jährlichen Fluktuation in den letzten 10 Jahren). So kann eine Variable konkret untersucht werden. Im Beispiel ging es um die Fluktuation oder die Fälle pro Jahr. Diese könnten anhand von mehreren Jahren als Zeitreihe gegenübergestellt werden. Ferner könnte man sie mit anderen Organisationen in Form eines Benchmarks vergleichen und Gruppen bilden. In eine der Gruppen kann man sich selbst einordnen und einen Unterschied zur Spitzengruppe diskutieren, um zu schauen, warum ich möglicherweise schlechter bin.

Anhand solcher einfachen Beispiele können Sie einen Sachverhalt sehr differenziert und reflektiert untersuchen. Die Kompetenz einer sachlichen Analyse durch deskriptive Statistiken verschafft Ihnen einen Wettbewerbsvorteil gegenüber Berufskollegen, da in den meisten mir bekannten Fällen hier die Kompetenz fehlt. Es wird auf der Grundlage individueller Ansichten diskutiert, eine solide Datengrundlage fehlt. Ob es um das Koordinations- oder Motivationsproblem (vgl. Abschn. 2.1 und 2.1.2) geht, ist von Fall zu Fall verschieden.

Die genannten Untersuchungen aus den Beispielen gehören zur deskriptiven Statistik. Es gibt unter den deskriptiv-statischen Kennzahlen Lage- und Streuungsparameter. Lageparameter sind solche Maßzahlen, welche die zentrale Lage bzw. den Mittelpunkt einer Verteilung näher beschreiben. Unter den Streuungsparametern hingegen, werden alle Maßzahlen zusammengefasst, die eine Aussage über die Streuung einer Verteilung machen.[47]

Die Verfahren, die Sie dabei beherrschen und verstehen sollten sind:

---

[47] Vgl. Frost, I. (2018), S. 21 ff.

- Mittelwert und Standardabweichung,
- Minimal-, Maximal- und Modalwerte und
- Quartile.

Alle hier genannten Verfahren können mit der Software Excel oder freien Statistiksoftwareanwendungen berechnet werden. Für den ersten Überblick eignet sich Excel.

Mittelwert und Standardabweichung Unter dem Mittelwert (in Publikationen i. d. R. gekennzeichnet durch den Buchstaben *M*, in der Praxis auch durch den dänischen Buchstaben Ø gekennzeichnet) wird in diesem Buch das arithmetische Mittel verstanden. Dieser Wert gehört zu den Lageparametern der deskriptiven Statistik. Jeder von Ihnen kennt diesen Wert. Man berechnet ihn, indem man die Summe der betrachteten Zahlen durch ihre Anzahl teilt.

Ein Nachteil der alleinigen Nutzung des Mittelwertes ist, dass einzelne große Ausreißer in der Menge der untersuchten Daten untergehen. Ebenfalls können wenige große Ausreißer den Mittelwert so beeinflussen, dass er nicht die Mehrzahl der einzelnen Werte wiedergibt. Aus diesem Grund ist der Mittelwert nicht die einzige Kennzahl, die Sie sich als „Forscher" anschauen sollten.

Die Standardabweichung als zweite Maßzahl, die ich hier vorschlage, kann einen Teil der Schwächen des Mittelwertes ausgleichen. Sie ist das Maß für die durchschnittliche Entfernung aller gemessenen Ausprägungen eines Merkmals vom Mittelwert.[48] Eine kleine Standardabweichung deutet darauf hin, dass die Daten näher um den Mittelwert herum verteilt sind, eine größere Standardabweichung gibt eine stärkere Streuung an. Die Standardabweichung ist folglich ein Indikator, der Aufschluss über das Streuungsverhalten gibt.

Die Berechnung der Standardabweichung wird an dieser Stelle aus gutem Grund nicht dargestellt, da es nicht darum geht, dass Sie als Führungskraft Formeln herleiten oder Kennzahlen mit der Hand berechnen müssen. Ihre Rolle ist nicht diejenige der Fach-

---

[48] Vgl. Frost, I. (2018), S. 38.

kraft für Statistik. Die Standardabweichung kann am einfachsten mit der Software Excel oder mit freien Statistiksoftwareanwendungen berechnet werden. Was für eine Führungskraft wichtig ist, ist, dass Sie die Bedeutung der Standardabweichung (in wissenschaftlichen Publikationen gekennzeichnet durch *SD,* in Formeln der Statistik und Mathematik durch den Buchstaben s) kennen und wissen, wie sich diese zusammensetzt.

Minimal-, Maximal- und Modalwert Der Minimalwert ist der kleinste Wert der Stichprobe, während der Maximalwert der größte Wert der Stichprobe ist.[49] Der Modalwert ist derjenige Wert, der am häufigsten vorkommt.[50]

Die drei Werte sind in der Lage, dem Adressaten einen ganzheitlichen Überblick über die Stichprobe zu geben. Für einen differenzierten Einblick der Lage der Daten sind eher die Quartile geeignet.

Quartile Ein Quartil ist ein Lageparameter. Es ist der Bereich, wo ein Viertel der Daten liegt.[51] Es gibt vier Quartile, von denen die Quartile 1 bis 3 praktisch relevant sind:

- Quartil (25 %)
- Quartil (50 % = Median)
- Quartil (75 %)
- Quartil (= Maximalwert, siehe Erklärung Maximalwert in diesem Kapitel)

Das 25 % Quartil sagt aus, dass 25 % der Werte kleiner sind, als dieser Wert und wiederum 75 % größer als er. Das 50 % Quartil wird auch als Median bezeichnet und teilt die Stichprobe durch zwei gleich große Teile. Der Median wird daher auch als „Teiler" bezeichnet. Das 75 % Quartil sagt aus, dass 75 % der Werte kleiner sind als dieser Wert und wiederum 25 % größer als er.

---

[49] Vgl. Sydsæter, K. / Hammond, P. J. (2009), S. 312.
[50] Vgl. Bortz, J. (2013), S. 37.
[51] Vgl. Crawley, M. (2012), S. 84.

Gerade unter Zugrundelegung der Schwächen des Mittelwertes, können Sie unter weiterer Verwendung der drei Quartile die Stichprobe differenzierter untersuchen.

Alle in diesem Kapitel genannten deskriptiven Statistiken sind die absolute Grundlage. Wer sich ein wenig mit Statistik auskennt, hat im Haus einen klaren Wettbewerbsvorteil, denn er kann Annahmen überprüfen. Und das ist die Aufgabe einer Führungskraft.

Nutzwertanalyse
Alternativen zu bewerten und einander gegenüberzustellen, ist eine häufige Aufgabe für Führungskräfte. Zu diesem Zweck haben wir in der Beratung sehr gute Erfahrungen mit der Methode der Nutzwertanalyse (NWA)[52] gemacht.

Die NWA ist ein nichtmonetäres Bewertungsverfahren, das innerhalb eines Entscheidungsprozesses der systematischen Entscheidungsvorbereitung bei der Auswahl komplexer Handlungsalternativen dient.[53]

Nach der Beschreibung der Alternativen sind die Schritte der Nutzwertanalyse nachfolgender Natur:

1. Festlegung von Bewertungskriterien für die Alternativen,
2. Priorisierung und Gewichtung der Kriterien,
3. Bewertung der Alternativen,
4. Zusammenführung der Bewertungen in Nutzenwerte Alternative.[54]

Die vier Schritte werden nachfolgend beispielhaft vorgestellt.

Als Beispiel wird der Zwei-Alternativen-Vergleich „Einstellung eines Mitarbeiters in der IT-Abteilung oder Einkauf von Fremdleistungen für die Digitalisierung des Bauantragsverfahrens" verwendet.

---

[52] Vgl. Zangemeister, C. (1976).
[53] Vgl. Hoffmeister, W. (2008), S. 278.
[54] Vgl. dazu Boffer, F. et al. (2013), S. 118.

Schritt 1 und 2 – Festlegung von Bewertungskriterien und Priorisierung/Gewichtung der Alternativen
Beispielkriterien sind:

1. Kosten der Alternative – 35 % (0,35)
2. Interner Wissensaufbau in der Verwaltung – 30 % (0,30)
3. Schnelligkeit der Aufgabenerledigung – 20 % (0,20)
4. Flexible Anpassungsmöglichkeiten der Projektaufgaben – 15 % (0,15)

Die arabischen ganzen Zahlen vor den Kriterien von 1 bis 6 bestimmen die absolute Gewichtung und die Dezimalzahlen dahinter in Klammern bestimmen die relative Gewichtung der Kriterien.

Schritt 3 – Bewertung
Sofern Schritt 1 und 2 erfolgt sind, werden die Alternativen anhand der nachfolgenden Matrix bewertet (vgl. Tab. 3.1). Diese wird in Excel so vorbereitet, dass Sie oder ein Team von beteiligten Mitarbeitern die Bewertung auf einer Skala vornehmen können. Die Matrix kann auch von einer Auswahlkommission bearbeitet werden.

Das Feld Teilnutzen wird mit einer Formel hinterlegt (einfache Multiplikation der relativen Gewichtung mit der Bewertung)

Skala-Ranking von 1 bis 6	
1	+
2	++
3	+++
4	++++
5	+++++
6	++++++

je größer die Zahl, desto höher Ihre/die Bewertung bei einem Kriterium je Produkt

Diejenigen Alternativen mit dem höchsten Gesamtnutzen (letzte Zeile, Tab. 3.1) haben den höchsten Nutzwert.

3 Führung in der öffentlichen Praxis – worauf kommt es an?

Tab. 3.1 Matrix einer Nutzwertanalyse

Kriterien	Kriteriengewichtung	Alternativen				
		Einstellung			Fremdleistungen	
	Relative Gewichtung (g_i)	Bewertung 1–6 (z_i)	Teilnutzen ($g_i * z_i$)		Bewertung 1–6 (z_i)	Teilnutzen ($g_i * z_i$)
Kosten der Alternative – 35 %	0,35	4	1,4		3	1,05
Interner Wissensaufbau in der Verwaltung – 30 %	0,30	6	1,8		3	0,9
Schnelligkeit der Aufgabenerledigung – 20 %	0,2	3	0,6		5	1,0
Flexible Anpassungsmöglichkeiten d. Projektaufgaben – 15 %	0,15	5	0,75		3	0,45
Summe/ Gesamtnutzen $\sum$	1,00		4,55			3,4

Quelle: Eigene Darstellung in Anlehnung an Boffer, F. et al. (2013), S. 120.

Die Nutzwertanalyse ist ein Instrument, um Alternativen anhand von monetären und nichtmonetären Kriterien zu bewerten. Sie kann sehr gut eingesetzt werden, wenn mehrere Personen an der Bewertung von Alternativen beteiligt sind. Dann entfaltet sie ihr größtes Potenzial, da es häufig um demokratische Entscheidungsfindungen geht.

3.5 Abgrenzung zwischen Leitungs- und Sachbearbeitungsaufgabe

In der Praxis wird von Führungskräften häufig thematisiert, sie würden zu viel Sachbearbeitung machen müssen und kämen nicht zu ihren eigentlichen Leitungsaufgaben. Diese Aussage ist nach eigener Erfahrung häufig nicht richtig, vielmehr entsprechen die potenziellen Sachbearbeitungsaufgaben den Fachaufgaben, die Bestandteil der Leitungsaufgabe sind. Doch was ist eigentlich die Leitungsaufgabe im arbeits- und beamtenrechtlichen Sinne?

Ausgehend von der arbeitsgerichtlichen Rechtsprechung stellt eine Leitungstätigkeit immer auf die Verantwortung für einen Aufgabenbereich ab.[55] Die Anforderungen an die Leitungskompetenz sind auf den verschiedenen Ebenen nicht identisch. Eine personelle Unterstellung ist für das Vorhandensein einer Leitungsaufgabe nicht zwingend.[56]

Es kann sich bei Leitungsaufgaben sowohl um die disziplinarische Verantwortung (auch Personalverantwortung genannt) als auch die fachliche Verantwortung oder die Budgetverantwortung handeln.

Somit enthält Leitung nach den in diesem Buch gültigen Begriffsabgrenzungen sowohl Management als auch Leadership-Aufgaben. Die ständige Rechtsprechung bemisst Leitungsaufgaben als einen einheitlichen Arbeitsvorgang, den sogenannten „einheitlichen Arbeitsvorgang Leitung". Grund ist, dass Leitungstätigkeiten i. d. R. ein einheitliches Arbeitsergebnis und damit einen Arbeitsvorgang darstellen.[57]

Im Beamtenbereich gibt es keine solchen Vorgaben für die Dienstpostenbeschreibung aus der Rechtsprechung. Eine Bewertung von Dienstposten ist nach dem Grundsatz der funktionsgerechten Besoldung von Beamten (§ 18 Bundesbesoldungsgesetz) sowie auch aus den Anforderungen der sparsamen und wirtschaftlichen Haus-

---

[55] Vgl. BAG Urt. v. 23.10.1996 – 4 AZR 270/95; BAG Beschluss v. 29.01.2020 – 4 ABR 8/18, Rn 25.
[56] Vgl. BAG Beschluss v. 29.01.2020 – 4 ABR 8/18, Rn 26.
[57] Vgl. LAG Köln, Urt. v. 17.11.2014 – 2 Sa 566/14.

3 Führung in der öffentlichen Praxis – worauf kommt es an? 115

haltsführung durch den Dienstherrn ebenso wie im Bereich der Beschäftigten verpflichtend. Zulässige Verfahren für die Dienstpostenbewertung sind u. a. das Genfer-Schema[58] sowie die KGSt-Gutachten.[59]

Da die Beschreibung und Bewertung jeweils wechselseitig in Zusammenhang miteinander stehen, richten sich die Anforderungen an eine Dienstpostenbeschreibung in Bezug auf die Bildung von Arbeitsvorgängen somit lediglich nach den jeweilig verwendeten Bewertungsverfahren. Die meisten anerkannten Bewertungsverfahren (so auch KGSt- und Teile des Genfer Modells) gehen von einem Stufenwertzahlverfahren aus. Hier werden verschiedene Anforderungen an einen Dienstposten definiert und in einzelnen Arbeitsschritten bewertet. Die Bildung von Arbeitsvorgängen im Rahmen der Dienstpostenbeschreibung sorgt auch bei den Bewertungsverfahren für einen handwerklichen Vorteil. Wenn nicht bereits in der Dienstpostenbeschreibung geschehen, so sind spätestens im Rahmen des Bewertungsverfahrens Arbeitsvorgänge zu bilden, denen dazugehörige Einzeltätigkeiten zuzuordnen sind, um eine sachgerechte Bewertung vorzunehmen. Die Tätigkeiten sind unter die Anforderungsmerkmale zu subsumieren und dahin gehend wird abgewogen, welcher Stufenbeschreibung die Tätigkeit entspricht.

Zusammenfassend ergeben sich folglich in Bezug auf die Leitungsaufgaben von Führungskräften größere Blöcke von Leitungstätigkeiten, die zusammenhängend bewertet werden.

Dies entspricht den Grundsätzen der realen Management- und Leadership-Aufgaben in einer jeden Organisation, da sich Verantwortung nicht zergliedern lässt. So sind Einzelfragen des „Daily Business" einer Führungskraft stets mit der Rolle und der Kompetenz der Führungskraft verwoben. Diese bekommt auch Fachfragen zur Entscheidung auf ihren Schreibtisch. Sie erhält die Fachfragen jedoch nicht deshalb, weil sie sachbearbeitende Tätigkeiten durchführt, oder die Fachaufgaben selber bearbeiten möchte und für sich verbucht,

---

[58] Vgl. BVerwG, Urt. v. 01.08.19 – 2 A 3.18, Rn 35.
[59] Vgl. z. B. VG Braunschweig, Urt. v. 17.09.2020 – 1 A 130/19; VGH München, Urt. v. 26.02.2015 -3 ZB 14.499, Rn. 10.

sondern weil eine Grundsatzklärung notwendig ist, oder weil herausgehobene Sachbearbeitungsaufgaben „vom Chef" abgesegnet werden. Alternativ zählen auch Sachverhalte dazu, die aufgrund von besonderer Bedeutung in einem Vier- oder Sechs-Augen-Prinzip noch einmal von der Führungskraft gegengezeichnet werden (müssen).

Es ist folglich höchst selten so, dass Führungskräfte mit größeren Arbeitsbereichen (> 15 Mitarbeiter) Sachbearbeitung im engeren Sinne betreiben. Dies bedeutet nicht, dass es dieses Phänomen nicht gibt. Wenn man es in der Praxis findet, so ist es meist in kleinen Behörden anzutreffen, wo eine große Heterogenität von Aufgaben auf Stellen der Sachbearbeitung und somit dann auch im Verantwortungsspektrum der Führungskraft vorherrscht. Es fehlt schlichtweg der quantitative Unterbau. Eine weitere Ursache für sachbearbeitende Tätigkeiten auf Führungsstellen ist, dass im Unterbau keine Stellen des vergleichbaren gehobenen Dienstes vorhanden sind. Hier fehlt dann der qualitative Unterbau.

Wer wirklich Leadership- und Management-Aufgaben wahrnimmt, sollte keine echte sachbearbeitende Tätigkeit in nennenswertem Umfang (> 15 %) machen. Vorbehaltene Spezialaufträge oder Prestigeprojekte einmal ausgenommen.

In den übrigen Szenarien hindert die Sachbearbeitung die Führungskraft daran, zu führen. Die Probleme des Tagesgeschäfts reduzieren die Zeit und die klaren Gedanken für Führung und Management.

Der Leitungsarbeitsvorgang kann nach meinen Erfahrungen und unter Zugrundelegung der bisherigen theoretischen Überlegungen in Bezug auf Leadership und Management praktikabel in die nachfolgenden Punkte untergliedert werden (vgl. Tab. 3.2).

Wie in der vorstehenden Tabelle ersichtlich ist, finden wir klassische Management- und Führungsaufgaben in einem Arbeitsvorgang wieder.

Streng genommen finden sich unter der Überschrift Personalführung auch einige Management-Aufgaben, die Instrument des Organisierens und Planens beinhalten. Der Zuordnungsklarheit halber, sind diese jedoch in die Überschrift der Personalführung lokalisiert worden. Eine dogmatische Trennung der Tätigkeiten in Leadership- und Management-Aufgaben ist in der Praxis weder zielführend noch praktisch umsetzbar.

3 Führung in der öffentlichen Praxis – worauf kommt es an?

Tab. 3.2 Muster-Arbeitsvorgang Leitung

Lfd. Nr. der Aufgaben	Beschreibung der Arbeitsvorgänge und Aufgaben	Zeitanteil in v. H.
	a) Arbeitsvorgang b) Gesetzes-, Fach- und Spezialkenntnisse	
1	**a) Leitung des Fachbereichs**	100
	Disziplinarische und fachliche Leitung des Fachbereichs Finanzverwaltung, inklusive Mittelbewirtschaftung für die verantworteten Produkte	
	A. **Personalführungsaufgaben:**	
	o Disziplinarische und fachliche Führung der Mitarbeiterinnen und Mitarbeiter des FB	
	o Führen der jährlichen Mitarbeitergespräche (Qualifizierungsgespräch gem. § 5 Abs. 4 TVÖD in Kombination mit einem LOB-Gespräch gem. § 18 TVÖD)	
	o Führen von Kritikgesprächen und Konfliktgesprächen im Team sowie mit Bürgerinnen und Bürgern oder politischen Funktionsträgerinnen und -trägern (ggf. mit disziplinarischen Auswirkungen)	
	o Planung des Personaleinsatzes im FB (Urlaub, Krankheit, Elternzeit etc.)	
	o Ermittlung des Qualifizierungsbedarfs der Belegschaft	
	o Durchführung von regelmäßigen Dienstberatungen und Klärung von Sachverhalten und allgemeinen Angelegenheiten	
	o Aufgabenverteilung und Priorisierung	
	o Lfd. Kontrolle der Stundenkonten	
	B. **Management-Aufgaben:**	
	- <u>Haushalt und Finanzen:</u>	
	o Produktverantwortung für die zu verantworteten Produkte	
	o Haushaltsplanung und -bewirtschaftung inkl. Beantragung und Begründung von über- und außerplanmäßigen Aufwendungen/Ausgaben	
	o Vorbereitung von Verträgen des FB	
	o Vorbereitung von Leistungsverzeichnissen für anstehende Vergabeverfahren des FB	
	o Teilnahme an den Haushaltsplanberatungen	
	o Bearbeitung allgemeiner Angelegenheiten der Finanzwirtschaft	
	- <u>Teilnahme an der internen Leitungsrunde des Amtes:</u>	
	o Vertretung der Interessen des FB	
	o Informationsweiterleitung der erforderlichen Themen in den eigenen FB	

(Fortsetzung)

Tab. 3.2 (Fortsetzung)

Lfd. Nr. der Aufgaben	Beschreibung der Arbeitsvorgänge und Aufgaben	Zeitanteil in v. H.
	- Organisation: o Konzeptionelle Weiterentwicklung der Aufbau- und Ablauforganisation sowie des Personalbedarfs o Postkorrespondenz o Erstellen von Konzepten, Richtlinien, Satzungen, Verordnungen etc. o Koordination von unterschiedlichen aktuellen Themen, die den FB betreffen - Gremien- und Öffentlichkeitsarbeit: o Erarbeitung von Vorlagen als Entscheidungsgrundlagen für die zuständigen politischen Ausschüsse des Amtes und der Gemeinden o Beratung aller Finanzausschüsse und Rechnungsprüfungsausschüsse - Fachaufgaben: o Bearbeitung von schwierigen Einzelfällen und solchen von grundsätzlicher Bedeutung (z. B. aktuell Einführung der Umsatzsteuer: technische Abwicklung Programm, Kontakte zu Steuerberatungsbüro, Einzelaufgaben) o Grundsätze und Richtlinien für die Steuerung der Finanzwirtschaft und der Haushalte der Gemeinden und des Amtes (v. a. Erläuterung von gesetzlichen Rahmenbedingungen) o Haushaltssicherungskonzepte o Abschließende Aufstellung der Ergebnis- und Finanzhaushalte sowie der Nachträge o Vorberichte zum Haushaltsplan, Rechenschaftsbericht zum Jahresabschluss und Erläuterung Bilanzen o Vertretung der Haushalte und Jahresabschlüsse in den politischen Gremien o Kontrolle des Haushaltswesens, der Jahresrechnungen und Bilanzen sowie die Berichterstattung o Vermögens- und Schuldenangelegenheiten (Bewirtschaftung aller Kredite, Neubeantragung von Krediten, Umschuldungen usw.) o Erarbeitung und Fortschreibung von Finanzierungsmodellen, z. B. für Projekte wie Betreutes Wohnen, Leasing oder Kauf von Geräten etc. (u. a. Kredite, Fördermittel, Grundstücksverkaufserlöse)	

(Fortsetzung)

Tab. 3.2 (Fortsetzung)

Lfd. Nr. der Aufgaben	Beschreibung der Arbeitsvorgänge und Aufgaben	Zeitanteil in v. H.
	○ Begleitung von Treuhand- und Geschäftsbesorgungsverträgen in finanziellen Auswirkungen ○ Verhandlung, vertragliche Abfassung und Überwachung von Konzessionsverträgen b) Personalführungskompetenzen, Grundkenntnisse im Tarifrecht Grundkenntnisse in den Aufgaben des unterstellten Personals, durch die fachaufsichtlichen Anforderungen insb. Kommunalverfassung für das Land Mecklenburg-Vorpommern (Kommunalverfassung – KV M-V), Gemeindehaushaltsverordnung-Doppik (GemHVO-Doppik), Verwaltungsvorschriften zur GemHVO-Doppik, interne Richtlinien und Dienstanweisungen zur Doppik, Finanzausgleichsgesetz, Energiewirtschaftsgesetz, Grundkenntnisse im öffentlichen Vergaberecht	
	Summe Zeitanteile	100

Quelle: Eigene Darstellung.

Modelle haben die Aufgabe, eine vereinfachte Abbildung der Realität zu visualisieren oder zu beschreiben. Im vorliegenden Fall bietet uns die Literatur die zwei Rollenmodelle Management und Leadership als vereinfachte Abbildung der empirischen Realität in der Führungs- und Management-Praxis einer Organisation. Es wird immer so sein, dass Führungs- und Management-Aufgaben miteinander vernetzt sind und ineinander übergehen. Jedoch ist es genau aus diesem Grund für eine Führungskraft wichtig, die Aufgaben voneinander trennen zu können, um zu wissen, was man tut und in welcher Rolle man sich befindet.

3.6 Die Performance im Gremium

Gerade Führungskräfte im öffentlichen Sektor sind häufig in (politische) Gremiensitzungen involviert. Diese Anforderung stellt sich unabhängig davon, ob Führungskräfte selbst politisch aktiv sind oder nicht und hängt mit ihrer Position zusammen. Da die Gremien sich mit den Fachaufgaben der Abteilungen auseinandersetzen und

Grundsatzentscheidungen treffen oder die Budgetzuteilung festlegen, wollen sie angemessen durch die Verantwortungsträger der entsprechenden Abteilungen informiert werden, bevor sie Entscheidungen treffen.

Häufig sind jedoch aufgrund von festgelegten Entscheidungskompetenzen, auch für die Organisation wichtige Entscheidungen vorher politisch „abzusegnen". Beispiele sind bestimmte Personalentscheidungen oder bestimmte Anschaffungen und Investitionen.

Der Kontakt mit der politischen Bühne will gut vorbereitet werden, damit er zum Erfolg wird. Wenn in diesem Kapitel die Rede von „Politik" ist, so sind damit sowohl gewählte politische Funktionsträger eines demokratisch legitimierten Gremiums als auch Funktionsträger eines Kontrollorgans eines Unternehmens (= unternehmenspolitische Ebene) gemeint. Eine jede politische Schnittstelle kann für die Führungskraft unmittelbare Karriereauswirkungen haben. Ein guter Auftritt ist förderlich, während das Gegenteil eben genau das Gegenteil bewirkt und insofern sehr heikle Folgen haben kann. Wer sich gut verkauft, wird stets vorneweg befördert und genießt gewisse Vorzüge. Die Property Rights für den Stellenplan hat die Politik.

Dieses Kapitel verfolgt das Ziel, das Handwerkszeug einer erfolgreichen Performance in der Gremienarbeit einer Führungskraft vorzustellen. Im Übrigen ist die Gremienarbeit an dieser Stelle nicht mit dem Sitzungsdienst zu verwechseln. Aus eigener Erfahrung gibt es Organisationen, die begrifflich und inhaltlich nicht zwischen dem Sitzungsdienst und der Gremienarbeit differenzieren. Dies ist fatal, denn der Sitzungsdienst ist die rein formale Einladung und Vorbereitung einer Sitzung sowie die Protokollführung und Nachbereitung einer Sitzung, während die inhaltliche Vorbereitung, Teilnahme und Nachbereitung die Gremienarbeit ist. Gremienarbeit ist der materielle Teil, während der Sitzungsdienst die Assistenztätigkeit rund um den formalen Rahmen der Sitzung ist. Insofern liegt auf der Hand, dass der Sitzungsdienst per se nicht die Aufgabe einer Führungskraft sein darf (Anmerkung: dies bedeutet in der Praxis, gerade in kleineren Organisationen, nicht, dass man sich nicht gegenseitig unterstützen sollte).

Nachfolgend stelle ich die Leitplanken guter Gremienarbeit einer Führungskraft dar.

3 Führung in der öffentlichen Praxis – worauf kommt es an?

Phase 1: Die Anbahnungsphase an die Entscheidungsführer
Als Exekutive sollte man Entscheidungen, die die Exekutive vornehmen soll, nur dann vorbringen, wenn die richtige Zeit dafür gekommen ist. Gerade wenn bestimmte Themen inhaltlich verbrannt sind, gibt es unter Umständen keine zweite Chance, ein Thema noch einmal vorzubringen. Beispiele können Personalentscheidungen oder auch Bauprojekte sein.

Dazu ist es unbedingt notwendig, eine Gremienvorlage nicht „auf gut Glück" zu fertigen, sondern vorher die Entscheidungsführer der großen Fraktionen zu hören. Je nach persönlichem Verhältnis kann dies direkt und frei gerade aus oder indirekt (über den Bürgermeister, Behördenleiter bzw. durch persönliches Herantasten) erfolgen. In der Politik gibt es Machtstrukturen. Diese sollten Sie kennen. Hier sind wir inmitten der Property-Rights-Theorie und der Transaktionskostentheorie. Sie sollten die Reibung gering halten, indem sie Entscheidungen gut vorbereiten und sie sollten diejenigen maximal einbinden, die die Entscheidungskompetenzen (auch die informelle Macht) haben, Dinge voranzubringen.

Phase 2: Die Vorbereitung und Struktur einer Gremienvorlage
In meinen praktischen Beobachtungen sehe ich häufig Vorlagen, die sehr lang und unübersichtlich sind. Viel Prosa-Text, keine finanziellen Auswirkungen und vor allem keine Entscheidungsalternativen sind eher die Regel als die Ausnahme.

Es bedarf einer geordneten Systematik und Arbeitsmethodik. Eine Standardisierung ist hier unbedingt notwendig, um die Adressatenroutine zu steigern. Letzteres reduziert Komplexität und erleichtert es, das Augenmerk auf den Inhalt zu richten. Der Adressatenkreis weist eine begrenzte Rationalität auf.

Weiterhin braucht es einen kybernetischen Regelkreis und smarte Prozesse, um die Transaktionskosten (Nachfragen, Nacharbeiten, Kontrollen etc.) zu senken. Vor allem aber muss ein möglichst personenunabhängiges System in der Gremienarbeit erreicht werden. Wenn die Führungskraft einmal ausfällt, muss es möglich sein, dass eine Vorlage vom Vertreter nach formal gleichen Gesichtspunkten aufbereitet werden kann. Dies ist eine Frage des Prozessmanagements.

Phase 3: Der Auftritt in der Sitzung
So wie die Vorlage einer Systematik und Arbeitsmethodik folgen sollte, sollte es der Auftritt des Verantwortlichen im Gremium auch. Verantwortliche Personen aus der Verwaltung tragen i. d. R. zu einem Tagesordnungspunkt kurz vor und führen einige Worte bezüglich der Inhalte einer Gremienvorlage aus.

Hierbei sollten mindestens die nachfolgenden vier Punkte systematisch und geordnet nacheinander abgearbeitet werden:

1 – die Ausgangslage (Warum ?),
2 – das zu lösende Problem (Was ?),
3 – die Richtung in die es gehen soll (Wohin ?) und
4 – der Ressourcenaufwand (Wie viel ?).

Für den Fall, dass die Behörde strategische Ziele oder wesentliche Produkte festgelegt hat, sollte als fünfter Punkt ein Bezug zu diesen Objekten hergestellt werden, um eine mögliche übergeordnete Wichtigkeit in seiner Gesamtheit zu akzentuieren.

Durch eine immer wieder gleichbleibende Systematik schaffen Sie einen Regelkreis, der auch bei komplexen Sachverhalten die Möglichkeit schafft, die Komplexität zu managen. Standardisierung senkt Transaktionskosten und sorgt dafür, dass die Adressaten sich auf das Wesentliche fokussieren können. Alle Menschen sind begrenzt rational.

3.7 Die Rolle im Personalmanagement

Spätestens im Konzept der dezentralen Ressourcenverantwortung, haben produkt- und budgetverantwortliche Leiter auch die Personalführung inne.

Ein kluges Organisationsmanagement bündelt auf Führungskräftestellen die fachliche und personelle Führung mit der Budget- und Produktverantwortung.

In der Verwaltungspraxis ist es häufig so, dass die die fachliche und personelle Führung und die Budget- und Produktverantwortung auseinanderklaffen. Man kann häufig die Stelle finden, die nur fachliche

Leitungsaufgaben hat. Die Produkt- und Budgetverantwortung liegt auf einer Stelle der übergeordneten Führungskraft. Diese Konstellation ist ein Musterbeispiel für verdünnte Property Rights auf beiden Stellen. Jeder wird nur auf seinen Mikrokosmos schauen und sich im Zweifel für den des anderen nicht zuständig fühlen. So entstehen Ineffizienzen erster Güte.

Personalverantwortliche Führungskräfte sollten auch personalverantwortlich sein dürfen. Die Personalabteilung muss sich diesbezüglich von der Rolle lösen, die Führungskraft von der Personalverantwortung zu befreien und diese zentral wahrzunehmen. Nur weil Mitarbeiter bestimmte Dienstleistungen von der Personalabteilung erhalten, heißt dies nicht, dass die Personalabteilung oder der Personalchef ihr Vorgesetzter ist. In einem gut gelebten System dezentraler Ressourcenverantwortung muss sich die Personalabteilung auf ihre Rolle (entweder als Businesspartner oder interner Dienstleister[60]) fokussieren. Nach dem System des Businesspartners unterstützt sie bei Managementfunktionen, u. a. auch bei Veränderungsprozessen und der Unternehmensentwicklung. Bei der Dienstleisterrolle geht es darum, die Qualität der eigenen Angebote zu perfektionieren.

Wenn Führungskräfte wirksam sein sollen, können sie das nur, wenn sie selbst möglich volle Bündel an Verantwortung haben. Die zentralen Stellen Personal und Finanzen nehmen eine Dienstleistungs- und Unterstützungsrolle ein. Sie dürfen nicht die dezentralen Kompetenzen aushöhlen.

Dieses System kann nur funktionieren, wenn es in einer Verwaltung konsequent gelebt wird. Dafür braucht es Freiraum, Vertrauen und eine Mindestausstattung an Fachlichkeit für Leadership und Management.

Es muss möglich sein, dass Führungskräfte Mitarbeiter einstellen oder sie entlassen. Es muss ferner möglich sein, dass sie die Entscheidung treffen, ob sie eine Aufgabe selbst machen und dafür 50.000 Euro Personalkosten aus ihrem Budget aufbringen, oder ob sie die Aufgabe auf eine externe Firma übertragen und dies möglicherweise wirtschaftlicher ist.

---

[60] Zu den Rollen vgl. Meyer, M. / Jochmann, W. (2003), S. 275.

Das doppische Rechnungswesen gibt die Rahmenbedingungen dafür her. Die Barrieren in der Praxis sind ein Problem von Personen, nicht von Instrumenten und Möglichkeiten.

3.8 Im öffentlichen Dienst kann man keine Mitarbeiter entlassen?

Wenn Schlecht- oder Nichtleistung keine Konsequenzen haben, ist das Risiko groß, dass dies auf andere Mitarbeiter demotivierend wirkt. Hierfür braucht es keine einzige wissenschaftliche Studie, dieser Effekt ist jedem von uns bekannt.

Nun muss es nicht gleich in die Richtung einer Kündigung gehen, wenn jemand seine Arbeit nicht oder nicht so erledigt, wie dies notwendig ist. Wichtig ist jedoch, dass sich Führungskräfte, die sich nach den Standards in diesem Buch mit der Leistungssteigerung in ihrem Verantwortungsbereich auseinandergesetzt haben, wissen, dass sie eine Lösung benötigen, sofern ihre Bemühungen scheitern.

Dieser besteht in klaren Absprachen, die dokumentiert werden müssen. Leistungspakete müssen feingliedrig vereinbart und engmaschig kontrolliert werden. Der bürokratische Aufwand ist groß. Situationen, die immer zerfahrener werden, sind irgendwann nicht mehr zu retten. Dies ist Normalität. Nicht selten kommt es daher vor, dass am Ende eine Trennung der gemeinsamen Wege die einzig zielführende Lösung bleibt.

In einem solchen Fall ist es notwendig, dass eine arbeitsrechtliche Beendigung folgt und man nicht mit innerer Kündigung aufseiten des Mitarbeiters sowie mit Verachtung aufseiten der Führungskraft weiter miteinander zusammenarbeitet. Für den Mitarbeiter bedeutet ein solcher Zustand, dass seine Arbeitszufriedenheit sinkt und er nur noch eingeschränkt seine Arbeitsleistung abruft. Für die Organisationskultur und das Teamklima ist eine solche Konstellation toxisch. Führungskräfte haben keine Chance, ihren Aufgaben nachzukommen, wenn sie in ihren Reihen Mitarbeiter haben, um die sie herum organisieren müssen. Ein kalter Konflikt in dieser Richtung ist unbedingt zu vermeiden.

Eine Umsetzung eines Mitarbeiters in eine andere Abteilung halte ich in den meisten Fällen für eine sehr schlechte Lösung. Dies macht nur dann Sinn, wenn die Arbeitsaufgabe der Grund dafür war, dass die Person ihre Leistung nicht abrufen konnte. Meist sind es jedoch Eigenschaften, die in der Person liegen, die ursächlich für das beschriebene Leistungsdilemma sind.

Warum sieht man die beschriebene Situation der Weiterführung der Zusammenarbeit in der Praxis so häufig?

Die Frage, warum es keine arbeitsrechtlichen Konsequenzen nach einem Szenario, wie ich es gerade beschrieben habe, gab, stellte ich bereits zahlreichen Führungskräften im öffentlichen Dienst. Und die häufigste Antwort war: Weil man im öffentlichen Dienst keine Mitarbeiter kündigen kann. Fragt man die Personalabteilung, so ist es häufig zusätzlich die mangelnde Dokumentation der Führungskräfte. Danach kommt gleich die Aussage, dass eine Kündigung nach dem TVÖD nahezu unmöglich sei.

Ist dies wirklich so?

Nein, das ist es nicht. Es ist einfach eine Sache der Bequemlichkeit der Personalabteilung und der Führungskräfte, die Sachverhalte im Einklang miteinander anzufassen.

Der TVÖD enthält die sog. Unkündbarkeitsklausel gem. § 34 Abs. 2 TVÖD. Danach kann der Arbeitgeber über 40-jährigen Arbeitnehmern mit mehr als 15 Jahren Beschäftigungszeit nur aus wichtigem Grund kündigen. Diese Beschäftigungszeit gilt jedoch nur beim selben Arbeitgeber[61] und darüber hinaus gibt es noch viele andere Möglichkeiten als eine Kündigung, um ein Arbeitsverhältnis zu beenden. So kann man sich z. B. mit dem Mitarbeiter unterhalten und mit ihm einen Weg suchen, auf Augenhöhe die Beendigung des Arbeitsverhältnisses zu besprechen. Es gibt die Möglichkeit, einen Aufhebungsvertrag zu schließen und zur Steigerung der Motivation, diesen zu unterschreiben, eine Abfindung zu zahlen.

Für Beamte gilt ein anderes Recht, die Möglichkeiten, die das Recht hergibt, sind jedoch auszuschöpfen.

---

[61] So z. B. LAG Nürnberg, Urteil v. 6.2.2017, 7 Sa 319/16.

Das Schlimmste, was Sie tun können, ist die Toleranz eines gestörten Verhältnisses in der Zusammenarbeit. Die Auswirkungen für die Organisationskultur sind fatal.

Meine dringende Empfehlung als Schlussplädoyer: Machen Sie es besser, und finden Sie einen Weg, neben den zahlreichen Performance-Steigerungskonzepten, auch Ballast abzuwerfen, der sie und das Team vom Ziel abhält.

Literatur

Abu-Shuair, M. (2013*). Mohammed als historische Gestalt: Das Bild des Islam-Propheten bei Rudi Paret.* Disserta.
Albrecht, K. P. (1999). *Familien „krankheit" Alkoholismus : Von der systemischen Sicht zur systemischen Therapie bei der Erklärung und Behandlung von Alkoholabhängigkeit.* BIS.
Alchian, A. A. (1950): Uncertainty, evolution, and economic theory. *The Journal of Political Economy, 58*(3), 211–221.
Alchian, A. A., & Demsetz, H. (1972). Production, information costs and economic organization. *American Economic Review., 62*(5), 777–795.
Alchian, A. A., & Demsetz, H. (1973). The property rights paradigm. *Journal of Economic History, 33(*1), 16–27.
Alchian, A. A.,& Allen, W. R. (1974). University economics: Elements of inquiry (3. Aufl.). Prentice Hall.
Arrow, K.- J. (1969). "The organization of economic activity: Issues pertinent to the choice of market versus Non-market allocation". In W. Patman & W. Proxmire. (Hrsg.), The analysis and evolution of public expenditure: The PPB system. vol. 1 U.S. Joint economic committee, 91st Congress, 1st Session, United States Government Printing Office (S. 47–64). verfügbar unter: http://msuweb.montclair.edu/~lebelp/psc643intpolecon/arrownonmktactivity1969.pdf. Zugegriffen: 05 März 2022.
Ashby, W.R. (1958): Requisite variety and its implications for the control of complex systems *Cybernetica, 1* (o.A. Nr.), 83–99.
Baldegger, R. J. (2007). *Management: Strategie - Struktur – Kultur.* Growth Publisher.

Bamberg, S., Gumbl, H., & Schmidt, P. (2000). *Rational Choice und theoriegeleitete Evaluationsforschung. Am Beispiel der „Verhaltenswirksamkeit verkehrspolitischer Maßnahmen."* Springer.

Bamberg, E. (2006): Anforderungsorientierte Beratung. In Bamberg, E., & Schmidt, J., & Hänel, K. (Hrsg.), *Beratung, Counseling, Consulting* (S. 29–60). Hogrefe.

Bardmann, M. (2011). *Grundlagen der Allgemeinen Betriebswirtschaftslehre.* Gabler.

Barnard, C. I. (1938). *The functions of the executive.* Harvard University Press.

Barney, J. B. (1991). Firm resources and sustained competitive advantage *Journal of Management, 17*(1), 99–120.

Barzel, Y. (1989). *Economic analysis of property rights.* University Press.

Berger, U., Bernhard-Mehlich, U., & Oertel, S. (2014). Die Verhaltenswissenschaftliche Entscheidungstheorie. In Kieser, A. & Ebers, M. (Hrsg.), *Organisationstheorien.* Kohlhammer (7. Aufl., S. 118–163).

Boffer, F., Gerlach, T., & Eisner, S. (2013) Einführung in die Investitionsrechnung. In Koop, M. & Weidemann, H. (Hrsg.), *NSI Schriftenreihe, o. A. d. Bd.* Maximilian.

Bortz, J. (2013). *Statistik für Sozialwissenschaftler.* Springer.

Bradel, A. (1995). *Industriebetrieb und Verkehrsproblematik. Industrielle Maßnahmen zur Verringerung, Verlagerung und Verbesserung des Güter- und Personenverkehrs.* Deutscher Universitäts-.

Braun, G. (2004). Wissensnetzwerke in Unternehmen. Effizienzaussagen und Strukturanalysen in betrieblichen Organisationsformen. In Kahle, E. (Hrsg.), *Schriftenreihe Entscheidungs- und Organisationstheorie, o. A. d. Bd.* Deutscher Universitäts-.

Bruggemann, A. (1974). Zur Unterscheidung verschiedener Formen der „Arbeitszufriedenheit" *Arbeit und Leistung, 28*(11), S. 281–284.

Bruggemann, A., Groskurth, P., & Ulich, E. (1975). *Arbeitszufriedenheit.* Huber.

Brühwiler, H. (1994). *Methoden der ganzheitlichen Jugend- und Erwachsenenbildung* (2. Aufl.,). Leske & Budrich,

Büssow, C. (2004). *Prozessbewertung in der Logistik. Kennzahlbasierte Analysemethodik zur Steigerung der Logistikkompetenz.* Deutscher Universitäts-Verlag.

Carstens, D., & Richardson, G. (2020). *Project management tools and techniques. A practical Guide* (2. Aufl.,). CRC Press.

Coase, R. H. (1937). The nature of the firm *Economica, New Series, 4*(16), 386–405.

Coase, R. H. (1960). The problem of social cost *Journal of Law and Economics*, *3*(1), 1–44.
Commons, J. R. (1931). Institutional economics *The American Economic Review,* *21*(4), 648–657.
Commons, J. R. (1934). *Institutional economics. Its place in political economy,* Bd. 1. Transaction Publishers.
Comelli, G., Rosenstiel, L., & von/Nerdinger, F. (2014) *Führung durch Motivation: Mitarbeiter für die Ziele des Unternehmens gewinnen,* (5. Aufl). Vahlen,.
Crawley, M. (2012). *Statistik mit R*. Wiley-VCH.
Daum, D. (2001) *Marketingproduktivität. Konzeption, Messung und empirische Analyse*. Springer.
Demsetz, H. (1964). The exchange and enforcement of property rights *Journal of Law and Economics,* *7*(1), 1–26.
Demsetz, H. (1967). Toward a theory of property rights *American Economic Review,* *57*(2), 347–359.
Dictionary (2021). Concept [online], verfügbar unter: https://www.dictionary.com/browse/concept. Zugegriffen: 04 März 2022.
Dietl, H. M. (1993). Institutionen und Zeit. In Homann, K., & Boettcher, E., Albert, H., & Picot. A. u. a. (Hrsg.). *Die Einheit der Gesellschaftswissenschaften, Bd. 79.* Mohr Siebeck.
Dietrich, A. J. (2007). *Informationssysteme für Mass Customization: Institutionenökonomische Analyse und Architekturentwicklung.* Deutscher Universitäts-Verlag.
Doetsch, P. (2014). *Mitarbeiterführung: Fair + erfolgreich: Mehr Motivation und Lebensqualität für sich und andere.* Springer Gabler.
Donato, J. (2009). Whistleblowing. Handlungsempfehlungen für eine nutzenstiftende Umsetzung in deutschen börsennotierten Unternehmen. In Reichmann, T., & Welge, M. K. (Hrsg.), *Schriftenreihe Controlling und management, Bd. 40.* Peter Lang.
Downs, A. (1967). *Inside bureaucracy.* Little, Brown.
Downs, A. (1968). Ökonomische Theorie der Demokratie. In Wildenmann, R. (Hrsg.), *Deutsche Übersetzung des Originalwerks.* Mohr Siebeck.
Downs, A. (1974). Eine ökonomische Theorie des politischen Handelns in der Demokratie. In Widmaier, H.-P. (Hrsg.), *Politische Ökonomie des Wohlfahrtsstaates. Eine kritische Darstellung der Neuen Politischen Ökonomie, o. A. d. Bd.* (S. 121–139). Fischer Athenäum.

Literatur

Ebers, M., & Gotsch, W. (2014). Institutionenökonomische Theorien der Organisation. In Kieser, A., & Ebers, M. (Hrsg.), *Organisationstheorien* (7. Aufl., S. 195–255). Kohlhammer.

Ebert, W. (2001). *Systemtheorien in der Supervision. Bestandsaufnahme und Perspektiven.* Leske und Budrich.

Eisenhardt, P. (2012). *Der Einfluss des Personalmanagements auf den Unternehmenserfolg. Eine theoriegeleitete empirische Analyse.* Springer Gabler.

Eissrich, D. (2001): Systemtransformation aus der Sicht der Neuen Institutionenökonomik. In Forschungsstelle für empirische Sozialökonomie (Hrsg.), *Schriftenreihe der Forschungsstelle für Empirische Sozialökonomik, Bd. 5.* Campus.

Fischer, L., & Wiswede, G. (2009). *Grundlagen der Sozialpsychologie* (3. Aufl.). Oldenbourg Wissenschafts.

Fladung, A. (1999). Mitarbeiterzufriedenheit. In Luczak, H. (Hrsg.), *Servicemanagement mit System. Erfolgreiche Methoden für die Investitionsgüterindustrie* (S. 253–266). Springer.

Friederichs, P. (2004): Die Human-Capital-Bewegung. Von der Vision zur politischen Umsetzung. In Friederichs, P. & Dürndorfer, M. (2004), *Wettbewerbsvorteile für den Erfolg von morgen. Human Capital Leadership, in: Schriftenreihe Murmann Business & Management,* o. A. d. Bd. (S. 27–43). Murmann.

Frodl, A. (2011). *Personalmanagement im Gesundheitsbetrieb. Betriebswirtschaft für das Gesundheitswesen.* Gabler.

Frost, I. (2018). *Statistik für Wirtschaftswissenschaftler. Grundlagen und praktische Anwendungen* (3. Aufl.). Expert.

Furubotn, E. G., & Pejovich, S. (1972). Property rights and economic theory: A survey of recent literature *Journal of Economic Literature, 10*(4), 137–1162.

Gouthier, M. H. J., & Ganz, W. (2011) Emotionalität in der Arbeitsproduktivität des Servicepersonals. In Bruhn, M., & Hadwich, K. (Hrsg.), *Dienstleistungsproduktivität. Innovationsentwicklung, Internationalität, Mitarbeiterperspektive. Forum Dienstleistungsmanagement,* Bd. 2 (S. 349–374). Gabler.

Göbel, E. (2002). Neue Institutionenökonomik. Konzeption und betriebswirtschaftliche Anwendungen. In Bea, F. X., & Schweitzer, E. (Hrsg.), *Schriftenreihe Grundwissen der Ökonomik. Betriebswirtschaftslehre.* UTB.

Groth, T. (1999). *Wie systemisch ist die „Systemische Organisationsberatung"* ?: *Neuere Beratungskonzepte für Organisationen im Kontext der Luhmannschen Systemtheorie*, (2. Aufl.,). Lit.

Halbmayer, E. (2010). Einführung in die empirischen Methoden der Kultur- und Sozialanthropologie. Kapitel 2.1 Methoden, Methodik und Methodologie [online], verfügbar unter: https://www.univie.ac.at/ksa/elearning/cp/ksamethoden/ksamethoden-30.html. Zugegriffen: 04 Febr. 2022.

Handler, G. (2007). Konzept zur Entwicklung integrierter Beratung. Integration systemischer Elemente in die klassische Beratung. In Bauer, U., Biedermann, H., & Wohinz, Josef W. (Hrsg.), *Techno-ökonomische Forschung und Praxis*. Deutscher Universitäts.

Hannan, M. T., & Freeman, J. (1977). The population ecology of organizations *American Journal of Sociology, 82*(5), 929–964.

Hannan, M. T. (1986). A model of competitive and institutional processes in organizational ecology. In Schriftenreihe Technical Report, o. A. d. Hrsg., Bd. 86, Teil 13, Department of Sociology, Cornell University.

Hannan, M. T., & Carrol, G. R. (1992): Dynamics of organizational populations. Density, legitimation, and competition. Oxford University Press.

Hannan, M. T., Carrol, G. R., Dundon, E. A., & Torres, J. C. (1995). Organizational evolution in a multi-national context: Entries of automobile manufacturers in Belgium, Britain, France, Germany, and Italy *American Sociological Review, 60*(4), 509–528.

Hellert, U. (2005). *Erfolgreich durch Arbeitsmotivation. Motivationspsychologische Maßnahmen bieten Chancen für Mitarbeiterinnen und Betriebe* (2. Aufl.,). Lit.

Henning, M. (2006). Individuen und ihre sozialen Beziehungen. In *Schriftenreihe Forschung und Gesellschaft, o. A. d. Hrsg.* VS Verlag.

Herzberg, F. (1968). One more time: How do you motivate employees? *Harvard Business Review, 46*(1), 53–62.

Hirsch, N. (2004). Agency-theoretische Analyse der Private-Equity-Beteiligung. Gestaltungsmöglichkeiten zur Minimierung von Informationsasymmetrien. In *Schriftenreihe: Munich Business School Finance Research Series, Bd. 1)*. Books on Demand.

Hirsch-Kreinsen, H., & Ittermann, P. (2019): Technologieschub in Grenzen. In Hirsch-Kreinsen, H., Ittermann, P., & Falkenberg, J. (Hrsg.), *Szenarien digitalisierter Einfacharbeit. Konzeptionelle Überlegungen und empirische Befunde aus Produktion und Logistik* (S. 25–36). Edition sigma.

Hoffmeister, W. (2008*).* *Investitionsrechnung und Nutzwertanalyse. Eine entscheidungsorientierte Darstellung mit vielen Beispielen und Übungen,* (2. Aufl.,). Berliner Wissenschafts-Verlag.

Kotter, J. P. (1990). *A force for change – How leadership differs from management.* Free Press.

Jensen, M. C., & Meckling, W. H. (1976) Theory of the firm: Managerial behavior, agency costs and ownership structure *Journal of Financial Economics, 3*(4), 305–360.

Jung, H. (2017). *Personalwirtschaft* (10. Aufl.,). De Gruyter.

Klaußner, A. (2009). Phasenangepasste Unternehmensführung von Wachstumsunternehmen: Eine empirische Untersuchung im deutschsprachigen Raum. In Klandt, H., Szyperski, N., Frese, M., Brüderl, J., Sternberg, R., Braukmann, U., & Koch, Lambert T. (Hrsg.). *Reihe FGF Entrepreneurship-Research Monographien, Bd. 66.* Josef EUL.

Kleinmann, B. (2015). *Universitätsorganisation und präsidiale Leitung. Führungspraktiken in einer multiplen Hybridorganisation.* Springer.

Kiefer, M. L., & Steininger, C. (2014). *Medienökonomik* (3. Aufl.,). Oldenbourg.

Koch, S. (2015). *Einführung in das Management von Geschäftsprozessen. Six Sigma, Kaizen und TQM* (2. Aufl.,). Springer.

Kortsch, T., & Rehwaldt, R. (2021). Was macht bei der Arbeit glücklich? Entwicklung und Validierung einer mehrdimensionalen Skala zur Erfassung von Glück bei der Arbeit. In *Zeitschrift für Arbeits- und Organisationspsychologie,* Published Online (ohne Band- und Nummernangabe), https://doi.org/10.1026/0932-4089/a000373.

Kühl, S. (2002). Jenseits der Face-to-Face-Organisation. Wachstumsprozesse in kapitalmarktorientierten Unternehmen. Beyond the Face-to-Face Organization. Processes of Growth and the Orientation towards the Capital Market in New Economy Firms *Zeitschrift für Soziologie, 31*(3), 186–210.

Kühl, S. (2005). Organisationsberatung. Konturen eines dritten Weges jenseits von betriebswirtschaftlicher Beratung und systemischer Prozessberatung *Organisationsentwicklung, (o. A. d. Jg.),* (3), 64–73.

Kreps, D. M. (1990). A course in microeconomic theory. Pearson Education Limited.

Lachmann, W. (2004). *Volkswirtschaftslehre 2. Anwendungen* (2. Aufl.). Springer.

Lang, D. (2016). *Gefangen im Komplexitätsdilemma. Wie Sie mit Zielkonflikten, Bürokratie und Verhaltensparadoxien wirkungsvoll umgehen und Organisationen agil, flexibel und stark machen.* BoD.

Laske, S., Meister-Scheytt, C., & Küpers, W. (2006). *Organisation und Führung.* Waxmann.

Lehner, F. (1981). Einführung in die Neue Politische Ökonomie. In Kevenhörster, P., & Lehner, F. (Hrsg.), *Basisbücher Sozialwissenschaften. Bd. 3.* Fischer Athenäum.

Liebig, C. (2007). *Mitarbeiterbefragungen als Interventionsinstrument. Untersuchung ihrer Effektivität anhand des Kriteriums Arbeitszufriedenheit.* Deutscher Universitäts-Verlag.

Linkletter, K. E., & Maciariello, J. A. (2010). Management as a liberal art. In Pearce, C. L., Maciariello, J. A., & Yamawaki, H. (Hrsg.). The drucker difference: What the world's greatest management thinker means to today's business leaders (S. 1–16). Mc Graw Hill.

Locke, E. A. (1976). The nature and causes of job satisfaction. In M. D. Dunnette (Hrsg.), *Handbook of industrial and organizational psychology* (S. 1297–1349). Rand McNally.

Luhmann, N. (1984). *Soziale Systeme. Grundriß einer allgemeinen Theorie.* Suhrkamp Verlag.

Luhmann, N. (2000). *Organisation und Entscheidung, Opladen u.* Westdeutscher Verlag.

Malik, F. (2013). *Management. Das A und O des Handwerks* (2. Aufl.). Campus.

Malik, F. (2019). *Führen Leisten Leben. Wirksames Management für eine neue Welt* (2. Aufl.,). Campus.

March, J. G., & Simon, H. A. (1958). *Organizations.* John Wiley & Sons.

March, J. G., & Simon, H. A. (1976). Organisation und Individuum. Menschliches Verhalten in Organisationen. Gabler.

Matys, T. (2014). Macht, Kontrolle und Entscheidungen in Organisationen. Eine Einführung in organisationale Mikro-, Meso- und Makropolitik. In Funcke, D., Hillebrandt, F., Vormbusch, U., & Wilz, S. (Hrsg.). *Hagener Studientexte zur Soziologie, o. A. d. Bd.* (2. Aufl.). Springer.

Maurer, R. (2019). Normative Werturteile und Wirtschaftswissenschaft. In Hensel, T., Jost, N., Cleff, T., Scherr, R., Wehner, C. & Beck, H. (Hrsg.). Beiträge der Hochschule Pforzheim Nr. 173 [online], verfügbar unter: https://www.hs-pforzheim.de/fileadmin/user_upload/uploads_redakteur/

Die_Hochschule/Oeffentlichkeit/05.Publikationen/Beitraege/Nr173.pdf. Zugegriffen: 06 Febr. 2022.

Meister, F. (2007). Etablierung von Netzwerken in der Energiewirtschaft. Change Management vor dem Hintergrund der Neufassung des Energiewirtschaftsgesetzes. In Ackermann, K.-F., & Wagner, D. (Hrsg.), *Schriftenreihe Unternehmerisches Personalmanagement, o. A. d. Bd.*, Deutscher Universitäts-Verlag.

Mertins, V. (2009). Institutionenökonomische Analyse von Innovationsförderung. Eine theoretische und empirische Betrachtung am Beispiel Niedersachsens. In *CeGE-Schriften*, Bd. 17, o. A. d. Hrsg. Peter Lang.

Meyer, M., & Jochmann, W. (2003). Steuerung des Personalmanagements mit der HR-Scorecard. In Wagner, D., & Speck, P. (Hrsg.), *Personalmanagement im Wandel. Vom Dienstleister zum Businesspartner* (S. 263–283). Gabler.

Mintzberg, H. (1979). The structuring of organisations. In S. Segal-Horn (Hrsg.), *The strategy reader* (S. 238–283). Blackwell Business.

Mintzberg. (1985). The organization as political arena *Journal of Management Studies, 22*(2), 133–154.

Mühlenkamp, H., & Glöckner, A. (2009). Die kommunale Finanzkontrolle -Eine Darstellung und Analyse des Systems zur finanziellen Kontrolle von Kommunen *Zeitschrift für Planung und Unternehmenssteuerung, 19*(4), 397–420.

Neuberger, O., & Allerbeck, M. (1978). *Messung und Analyse von Arbeitszufriedenheit*. Huber.

Niskanen, W. A. (1971). *Bureaucracy & Representative government*. Aldine-Atherton.

Niskanen, W. A. (1974). Nichtmarktwirtschaftliche Entscheidungen – Die eigentümliche Ökonomie der Bürokratie. In Widmaier, H. – P. (Hrsg*.), Politische Ökonomie des Wohlfahrtsstaates. Eine kritische Darstellung der Neuen Politischen Ökonomie, o. A. d. Bd.* (S. 208–222). Athenäum-Fischer-Taschenbuch-Verlag,

Niskanen, W. A. (1994). *Bureaucracy and public economics* (2. Aufl.,). Edward Elgar Publishing.

Oechsler, W. A., & Paul, C. (2015). *Personal und Arbeit. Einführung in das Personalmanagement* (10. Aufl.). De Gruyter.

Osner, A. (2001). *Kommunale Organisations-, Haushalts- und Politikreform. Ökonomische Effizienz und politische Steuerung*. Erich Schmidt.

Pfeffer, J., & Salancik, G. R. (1978). The external control of organizations. A resource dependence perspective. Stanford Business Books.

Picot, A. (1981). Eitrag der Theorie der Verfügungsrechte zur ökonomischen Analyse von Unternehmensverfassungen. In Bohr, K., Drukarczyk, J., Drumm, H. – J., & Scherrer, G. (Hrsg.), *Unternehmensverfassung als Problem der Betriebswirtschaftslehre* (S. 153–197). Erich Schmidt.

Picot, A. (1982). Transaktionskostenansatz in der Organisationstheorie: Stand der Diskussion und Aussagewert *Schriftenreihe: Die Betriebswirtschaft 42*(2), 267–284.

Picot, A. (1991a). *Ein neuer Ansatz zur Gestaltung der Leistungstiefe Schmalenbachs Zeitschrift für betriebswirtschaftliche Forschung (ZfbF), 43*(4), 336–357.

Picot, A. (1991b). Ökonomische Theorien der Organisation – Ein Überblick über neuere Ansätze und deren betriebswirtschaftliches Anwendungspotential. In Ordelheide, D., Rudolph, B., & Büsselmann, E. (Hrsg.), *Betriebswirtschaftslehre und Ökonomische Theorie* (S. 143–170). Schäffer-Poeschel.

Picot, A., & Wolff, B. (1994). Zur ökonomischen Organisation öffentlicher Leistungen: „Lean Management" im öffentlichen Sektor?. In Naschold, F., & Pröhl, M. (Hrsg.), *Produktivität öffentlicher Dienstleistungen, Bd. 1, Dokumentation eines wissenschaftlichen Diskurses zum Produktivitätsbegriff* (2. Aufl., S. 51–120). Bertelsmann Stiftung.

Picot, A., Reichwald, R., & Wigand, R. T. (2003). *Die grenzenlose Unternehmung: Information, Organisation und Management* (5. Aufl.). Gabler

Picot, A., Dietl, H. M., & Franck, E. (2008). *Organisation: Eine ökonomische Perspektive* (5. Aufl.,). Schäffer-Poeschel.

Porter, L. W., & Lawler, E. E. (1968). *Managerial attitude and performance.* Irwin.

Popp, K.- J. (1997). *Unternehmenssteuerung zwischen Akteur, System und Umwelt. Systemtheoretische Perspektiven für Management, Wirtschaft und Gesellschaft.* Springer.

Rampino, L., & Colombo, S. (2012). Mathod, strategy or tool? A semantic clarification. In Rampino, L. (Hrsg.), *Design research: Between scientific method and project praxis. Notes on Doctoral Research in Design 2012* (S. 83–94). Franco Angeli Edizioni.

Rehwaldt, R. (2017). *Die glückliche Organisation – Chancen und Hürden für positive Psychologie in Unternehmen.* Springer.

Reiß, W. (2007). *Arbeitsbuch Mikroökonomische Theorie.* Oldenbourg Wissenschaftsverlag.

Richter, R., & Furubotn, E. G. (2003). *Neue Institutionenökonomik* (3. Aufl.,). Mohr Siebeck.
Rosenbaum, J. (2009). *Der politische Einfluss von Rating-Agenturen.* VS Verlag.
Rosenstiel, L. von (2014). *Motivation im Betrieb* (11. Aufl.). Springer Gabler.
Ross, Steven A. (1973). The economic theory of agency: The principal's problem *American Economic Review 63*(2), 134–139.
Ruggles, R. L. (1997). Tools for knowledge management: An introduction. In R. L. Ruggles (Hrsg.), *Knowledge management tools* (S. 1–10). Butterworth-Heinemann.
Russel-Walling, E. (2014). *50 Schlüsselideen Management.* Spektrum Akademischer.
Sanders, K., & Kianty, A. (2006). *Organisationstheorien. Eine Einführung.* VS.
Sarsby, A. (2016). *SWOT analysis.* Verlagsort unbekannt.
Schantin, D. (2004). *Makromodellierung von Geschäftsprozessen. Kundenorientierte Prozessgestaltung durch Segmentierung und Kaskadierung.* Deutscher Universitäts-Verlag.
Schein, E. H., & Schein, P. A. (2018). *Humble leadership. The power of relationships, openness, and trust.* Berrett-Koehler Publishers.
Schenk, K. – E., Schmidtchen, D., & Streit, M. E. (1996). Vorwort. In Schenk, Schenk, K. – E., Schmidtchen, D., & Streit, M. E. (Hrsg.), *Jahrbuch für Neue Politische Ökonomie. Vom Hoheitsstaat zum Konsensualstaat: Neue Formen der Kooperation zwischen Staat und Privaten* Bd. 15 (S. III). Mohr Siebeck.
Scholz, C. (2014). Grundzüge des Personalmanagements (2. Aufl.,). Vahlen.
Schreyögg, G. (2008). *Organisation. Grundlagen moderner Organisationsgestaltung. Mit Fallstudien* (5. Aufl.). Gabler GWV Fachverlage.
Schreyögg, G., & Koch, J. (2020). *Grundlagen des Managements. Basiswissen für Studium und Praxis* (3. Aufl.). Springer Gabler.
Schrüfer, K. (2010): Allgemeine Volkswirtschaftslehre (3. Aufl.,). BWV – Berliner Wissenschafts-Verlag.
Schumpeter, J. A. (1946). Kapitalismus, Sozialismus und Demokratie. In Farner, K. (Hrsg.), *Schriftenreihe Mensch und Gesellschaft. Bd .7.* Francke.
Scott, A. (1983). Property rights and property wrongs *The Canadian Journal of Economics 16*(4), 555–573.
Scott, W. R. (1986). *Grundlagen der Organisationstheorie.* Campus-Verlag.
Sedlacek, K. – D. (2021). *Emergenz. Strukturen der Selbstorganisation in Natur und Technik. Arbeits- und Handbuch.* Books on Demand.

Semmler, J. (2009). *Humankapital und wertorientierte Berichterstattung. Darstellungs-möglichkeiten mitarbeiterbezogener Angaben im Rahmen eines Human Value Reporting*. Diplomica.

Sieg, G. (2008). *Volkswirtschaftslehre mit aktuellen Fallstudien* (2. Aufl.). Oldenbourg.

Simon, H. A. (1955). A behavioral model of rational choice *The Quarterly Journal of Economics*. 69(1), 99–18. Verfügbar unter: https://www.suz.uzh.ch/dam/jcr:Fffffffff-fad3-547b-ffff-fffff0bf4572/10.18-simon-55.pdf. Zugegriffen: 05 März 2022.

Simon, H. A. (1971). Designing organizations for an information-rich world. In M. Greenberger (Hrsg.), *Computers, communications and the public interest* (S. 37–72). Johns Hopkins University Press.

Simon, H. A. (1976). From substantive to procedural rationality. In Kastelein, T. J., Kulpers, S. K., Nijenhuis, W. A., & Wagenaar, G. R. (Hrsg.), *25 years of economic theory: Retrospect and prospect* (S. 65–86). Wolters-Noordhoff B.V.

Simon, H. A. (1979). Rational decision making in business organizations *The American Economic Review* 69(4), 493–513.

Simon, H. A. (1981). *Entscheidungsverhalten in Organisationen. Eine Untersuchung von Entscheidungsprozessen in Management und Verwaltung (Übersetzung der dritten erweiterten amerikanischen Auflage von 1976)*. Moderne Industrie.

Simon, H. A. (1986). Rationality in psychology and economics *The Journal of Business Part 2 of The Behavioral Foundations of Economic Theory*, 59(4), 209–224.

Simon, H. A. (1991). Organizations and markets. *Journal of Economic Perspectives*, 5(2), 25–44.

Simon, H. A., Smithburg, D. W., & Thompson, V. A. (1991). *Public administration*. Transaction Publishers.

Smit, P. J., de J Cronjé, G. J., Brevis, T., & Vrba, M. J. (2007). *Management principles: A contemporary edition for Africa*. Juta.

Söllner, A. (2008). *Einführung in das Internationale Management. Eine institutionenökonomische Perspektive*. Betriebswirtschaftlicher Verlag Dr. Theo Gabler.

Staehle, W. H. (1999). *Management. Eine verhaltenswissenschaftliche Perspektive* (8. Aufl.). Vahlen.

Stiglitz, J. E., & Walsh, C. E. (2010). *Mikroökonomie. Band I zur Volkswirtschaftslehre*. In Stiglitz, J. E. (Hrsg.), *Internationale Standardlehrbücher der Wirtschafts- und Sozialwissenschaften*. Oldenbourg.

Suwalski, P. (2020). *Systemakkreditierung an Hochschulen. Anforderungen, Maßnahmen und Effekte aus der Perspektive von Hochschulakteuren*. Budrich Academic Press.

Sydsaeter, K., & Hammond, P. J. (2009). *Mathematik für Wirtschaftswissenschaftler. Basiswissen mit Praxisbezug* (3. Aufl.). Pearson.

Taschner, A. (2013). *Management Reporting. Erfolgsfaktor internes Berichtswesen*. Springer.

Tayntor, C. B. (2010). *Project management tools and techniques for success*. CRC Press.

Töpfer, A. (2012). *Erfolgreich Forschen: Ein Leitfaden für Bachelor-, Master-Studierende und Doktoranden* (3. Aufl.). Springer.

Voigt, S. (2009). *Institutionenökonomik* (2. Aufl.). Wilhelm Fink.

Wanzel, C. (2010). *Handbuch der Entwicklung. Wissenschaftlich-philosophische Grundlagen, Modelle und Perspektiven für Veränderungsprozesse*. Books on Demand.

Weimer, G. (2008). *Service Reporting im Outsourcing-Controlling. Eine empirische Analyse zur Steuerung des Outsourcing-Dienstleisters*. Gabler.

Weiss, H., & Cropanzano, R. (1996). Affective events theory: A theoretical discussion of the structure, causes and consequences of affective experiences at work. In Staw, B. M., & Cummings, L. L. (Hrsg.), *Research in organizational behavior: An annual series of analytical essays and critical reviews* (Bd. 18, S. 1–74). Elsevier Science & JAI Press.

Wellbrock, W. (2015). *Innovative Supply-Chain-Management-Konzepte. Branchenübergreifende Bedarfsanalyse sowie Konzipierung eines Entwicklungsprozessmodells*. Springer Gabler.

Wernerfelt, B. (1984). A resource-based view of the firm *Strategic Management Journal* 5(2), 171–80.

Widmaier, H. P. (1999). *Demokratische Sozialpolitik. Zur Radikalisierung des Demokratieprinzips*. Mohr Siebeck.

Wildmann, L. (2016). *Wirtschaftspolitik. Module der Volkswirtschaftslehre Band III* (3. Aufl.,). De Gruyter.

Willke, H. (2018). *Einführung in das systemische Wissensmanagement* (4. Aufl.). Carl-Auer-Systeme-Verlag.

Williamson, O. E. (1975). *Markets and hierarchies. Analysis and antitrust implications. A study in the economics of internal organization*. The Free Press.

Williamson, O. E. (1985). *The economic institutions of capitalism*. The Free Press.
Woywode, M., & Beck, N. (2014). Evolutionstheoretische Ansätze in der Organisationslehre – Die Population Ecology-Theorie. In Kieser, A., & Ebers, M. (Hrsg.), *Organisationstheorien* (7. Aufl., S. 256–294). Kohlhammer.
Zangemeister, C. (1976). *Nutzwertanalyse in der Systemtechnik. Eine Methodik zur multidimensionalen Bewertung und Auswahl von Projektalternativen* (4. Aufl.,). Wittemann.
Zapp, W., Beckmann, A., Bettig, U., & Torbecke, O. (2010). Prozesse in Dienstleistungsunternehmungen der Gesundheitswirtschaft. In Zapp, W., & Oswald, J. (2010), *Prozessgestaltung in Gesundheitseinrichtungen von der Analyse zum Controlling* (2. Aufl., S. 2–104). Economica.
Zech, B. (2007). *Handbuch Coaching und Beratung* (2. Aufl.,). Beltz.
Zech, R. (2013). Teil I: Theoriereflexionen, In Zech, R. (Hrsg.), Organisation, Individuum, Beratung. Systemtheoretische Reflexionen. In Busse, S., Haubl, R., Möller, H., & Schiersmann, C. (Hrsg. Bd.), *Interdisziplinäre Beratungsforschung*, (Bd. 8, S. 17–120). Vandenhoeck & Ruprecht.
Zuckerman, E. W. (1997). The Categorical Imperative: Securities Analysts and the Legitimacy Discount, In Research Paper Series, Research Paper No. 1468, Graduate School of Business Stanford.

Kluge Bücher für die Öffentliche Verwaltung

Weitere Titel unter springer-gabler.de – Fachbereich Öffentliche Verwaltung

 springer-gabler.de

Kluge Bücher für die Öffentliche Verwaltung

Weitere Titel unter springer-gabler.de – Fachbereich Öffentliche Verwaltung

The manufacturer's authorised representative in the EU is Springer Nature Customer Service Centre GmbH, Europaplatz 3, 69115 Heidelberg, Germany. If you have any concerns regarding our products, please contact ProductSafety@springernature.com

Printed and bound by CPI Group (UK) Ltd, Croydon, CR0 4YY

25/03/2026

02078181-0011